近畿圏版② 最新入試に対応！ 家庭学習に最適の問題集!!

追手門学院小学校
関西大学初等部

2025年度版 過去問題集

2023～2024年度 実施試験 計2年分収録

問題集の効果的な使い方

①学習を始める前に、まずは保護者の方が「入試問題」の傾向や、どの程度難しいか把握をします。すべての「アドバイス」にも目を通してください。
②各分野の学習を先に行い、基礎学力を養いましょう！
③力が付いてきたと思ったら「過去問題」にチャレンジ！
④お子さまの得意・苦手がわかったら、その分野の学習を進め、全体的なレベルアップを図りましょう！

合格必携 問題集セット

追手門学院小学校

推理	Jr. ウォッチャー ㉛「推理思考」
数量	Jr. ウォッチャー ㊲「選んで数える」
口頭試問	新 口頭試問問題集
口頭試問	口頭試問最強マニュアル
面接	入試面接最強マニュアル

関西大学初等部

図形	Jr. ウォッチャー ❸「パズル」
言語	Jr. ウォッチャー ⑰「言葉音遊び」
推理	Jr. ウォッチャー ㉛「推理思考」
数量	Jr. ウォッチャー ㊲「選んで数える」
面接	面接テスト問題集

●資料提供●

くま教育センター

ISBN978-4-7761-5586-7

C6037 ¥2400E

9784776155867

定価 2,640 円

(本体 2,400 円 + 税 10%)

1926037024002

日本学習図書 ニチガク

こんなこと…ありませんか?

「ニチガクの問題集…買ったはいいけど、、、
この問題の教え方がわからない(汗)」

メールでお悩み解決します!

- ☆ ホームページ内の専用フォームで必要事項を入力!
- ☆ 教え方に困っているニチガクの問題を教えてください!
- ☆ 確認終了後、具体的な指導方法をメールでご返信!
- ☆ 全国どこでも! スマホでも! ぜひご活用ください!

<質問回答例>

アドバイス

推理分野の学習では、後の学習に活きる思考力を養うことができます。ご家庭で指導する場合にも、テクニックにたよらず、保護者の方が先に基本的な考え方を理解した上で、お子さまによく考えさせることを大切にして指導してください。

Q.「お子さまによく考えさせることを大切にして指導してください」と学習のポイントにありますが、考える習慣をつけさせるためには、具体的にどのようにしたらいいですか?

A. お子さまが考える時間を持てるように、質問の仕方と、タイミングに工夫をしてみてください。
たとえば、「答えはあっているけど、どうやってその答えを見つけたの」「答えは○○なんだけど、どうしてだと思う?」という感じです。
はじめのうちは、「必ず30秒考えてから手を動かす」などのルールを決める方法もおすすめです。

まずは、ホームページへアクセスしてください!!

https://www.nichigaku.jp　日本学習図書　検索

目指せ！合格！

家庭学習ガイド
追手門学院小学校

ペーパー　口頭試問　巧緻性　行動観察　運　動　保護者面接

入試情報

募集人数：男女 約130名
応募者数：男子 91名、女子69名
出題形態：ペーパー、個別テスト（口頭試問）
面　　接：保護者
出題領域：ペーパーテスト（記憶、数量、図形、常識、言語など）、
個別テスト（記憶、数量、図形、推理など）、巧緻性、行動観察、運動
運動、行動観察、巧緻性（ひも結び、筆記用具の持ち方、箸使い）

入試対策

当校の入試は、巧緻性、行動観察、運動は例年同じ内容のものが出題されています。具体的には、姿勢（挙手、気をつけ・休め、椅子の座り方）、返事の仕方、行進、ひも結び、箸使いなどです。これらの項目は、事前に発表されるため、完璧にできなければ減点の対象になります。例　気をつけは視線までチェックの対象となります。その点に関しては説明会において説明されます。そのため、入学を志望される方は早めに参加されることをおすすめ致します。これらは試験課題として学習するものではなく、日常生活の中で身に付けておくべきものです。当校は、家庭でのしつけやお子さまとの関係性を重視しているため、ペーパーテストの対策だけでなく、生活体験を充実させることも必要になってきます。

- 口頭試問では「お話の記憶」「見る記憶」の問題が例年出題されています。また、「数量」「図形」などの問題がペーパーテストとは異なる方法で出題されます。

- ペーパーテストは、多分野（見る記憶、数量、推理、言語など）から出題されます。基礎的な力を計る問題が多いので、落ち着いてケアレスミスのないように取り組みましょう。

- 「運動」「行動観察」「巧緻性」の分野では、身体能力や器用さ以上に、協調性や生活習慣、取り組みの姿勢が評価の対象となっています。指示も細かくされるので、日頃からきちんと人の話を聞けるように心がけてください。

「追手門学院小学校」について

〈合格のためのアドバイス〉

当校の考査で大きな観点となっているのは日常生活の中で、自然と身に付いて欲しい「姿勢」です。このことは、ペーパーテストに加えて、個別テスト（口頭試問）も実施されるということからも窺えます。自分の考えを自分の言葉で伝えるためには、実体験を伴った深い理解が必要とされます。言語、数量、マナーなどは、すべて生活の中にあるものです。机上の学習だけでなく、子育ての過程において、お子さまに豊かな生活体験をさせることを意識しましょう。特に、行動観察で出題される正しい姿勢や返事の仕方、箸使いなどについては、試験のために訓練するのではなく、日常生活で自然にできるものでなければ意味がありません。繰り返しになりますが、入試全体を通して言えることとして、保護者の方の、しっかりとした教育観に基づいたしつけや、お子さまの感性の豊かさを重要視しているということです。また、当校の試験では、待ち時間にＤＶＤ鑑賞や、絵本を読んで待機するよう指示があります。課題に取り組まない時間も、常に評価されていることを忘れず、指示通り、静かに待機するようにしましょう。これらも普段の生活で身に付けておきたい「姿勢」の１つです。

〈2024 年度選考〉

- ◆保護者面接（考査日前に実施）
- ◆個別テスト：記憶、数量、図形、推理など
- ◆ペーパーテスト：見る記憶、数量、推理、言語など
- ◆巧緻性：ひも結び、箸使いなど
- ◆行動観察：返事、瞑想など
- ◆運動：行進、ボール遊びなど

◇過去の応募状況

2024 年度	男子 91 名	女子 69 名
2023 年度	男子 95 名	女子 81 名
2022 年度	男子 94 名	女子 85 名

入試のチェックポイント

◇受験番号は…「Web 出題順」
◇生まれ月の考慮…「あり」

目指せ！合格！

家庭学習ガイド
関西大学初等部

ペーパー　制作　行動観察　親子面接

入試情報

募集人数：Ａ日程：男女 60名（内部進学者含む）、Ｂ日程：若干名
応募者数：男女166名
出題形態：ペーパーテスト
面接：保護者・志願者
出題領域：ペーパーテスト（記憶、常識、言語、推理、図形、数量など）、制作、行動観察

入試対策

2024年度入試（2023年に実施）Ａ日程は、８月下旬～９月上旬に15分程度の親子面接が実施され、９月中旬にペーパーテスト、制作、行動観察が実施されました。Ｂ日程は、１月中旬に親子面接、１月下旬にペーパーテスト、制作、行動観察が実施されました。ペーパーテストの内容は、記憶、常識、言語、推理、図形、数量など広範囲に渡ります。幅広い分野を学習し、当校独特の出題にも対応できる対策が必要でしょう。制作は、例年折り紙や塗り絵といった課題が出題されています。紙を折ることや、クレヨン、クーピーペンなどの文房具を扱うことに慣れておきましょう。行動観察は集団で実施されます。2024年度入試の課題は音楽に合わせた模倣ダンスでした。

- 試験時間に対して問題数が多く、スピードと正確さが要求されます。家庭学習の際も解答時間を制限するなどの工夫をしてください。

- 面接は12年間の一貫教育に関する質問です。例えば、進学のこと、学園全体に対することなども聞かれるため、事前の情報収集は必須です。また、15分程度の面接時間の中で、志願者への質問が約2/3を占めます。

- 常識分野、言語分野において、当校独特の難問が出題されます。生活に密着した問題ですから、日常生活をどのように過ごすのかも重要になってきます。

「関西大学初等部」について

＜合格のためのアドバイス＞

ペーパーテストでは、例年通り、カラープリントや電子黒板を使用した出題が行われました。内容は、記憶、常識、言語、推理、図形、数量など、広範囲に渡る分野から出題されました。当校の特徴を一言で言えば、「生活の中の学習」です。難問と呼べる出題もありますが、大抵の問題は、日頃から目にしたり耳にしたりするものから出題されています。日常生活で身に付くものが、そのまま入試対策につながると考えましょう。また、ただ身に付けるのではなく、そのことをどのように利用するのかという「応用力」も必要になってきます。

行動観察では、積極的に参加する、決められたルールを守る、他のお子さまに配慮し協力して取り組む、といった社会性や協調性を観る課題が出題されます。入学後の集団生活がスムーズに行えるかどうかが観点といえるでしょう。

面接においては、保護者の方には、お子さまとの関係性や、教育方針など一般的な質問がなされます。保護者の方への質問は約5分程度で終わり、残りの約10分は志願者への質問時間になります。お子さまの回答に対する理由まで深く聞かれますから、適切な言葉遣いや、対話力、論理的思考が必要になります。会話することに抵抗なく取り組めるよう、普段から、コミュニケーション力を育む工夫を心がけましょう。

〈2024年度選考〉

◆保護者・志願者面接（考査日前に実施）
◆ペーパーテスト：記憶、常識、言語、推理、図形、数量など
◆行動観察：模倣ダンス

◇過去の応募状況

2024年度	男女166名
2023年度	男女168名
2022年度	男女139名

入試のチェックポイント

◇生まれ月の考慮…「あり」

追手門学院小学校
関西大学初等部
過去問題集

〈はじめに〉

現在、少子化が叫ばれているにもかかわらず、私立・国立小学校の入学試験には一定の応募者があります。入試は、ただやみくもに学習するだけでは成果を得ることはできません。志望校の過去における出題傾向を研究・把握した上で、練習を進めていくこと、その上で試験までに志願者の不得意分野を克服していくことが必須条件です。そこで、本問題集は小学校を受験される方々に、志望校の出題された問題をより分かりやすく理解して頂くために、アドバイスを記載してあります。最新のデータを含む精選された過去問題集で実力をお付けください。

また、志望校の選択には弊社発行の「**2025年度版　近畿圏・愛知県　国立・私立小学校　進学のてびき**」をぜひ参考になさってください。

〈本書ご使用方法〉

◆出題者は出題前に一度問題を通読し、出題内容などを把握した上で、〈準備〉の欄に表記してあるものを用意してから始めてください。

◆お子さまに絵の頁を渡し、出題者が問題文を読む形式で出題してください。問題を読んだ後で、絵の頁を渡す問題もありますのでご注意ください。

◆「**分野**」は、問題の分野を表しています。弊社の問題集の分野に対応していますので、復習の際の目安にお役立てください。

◆一部の描画や工作、常識等の問題については、解答が省略されているものがあります。お子さまの答えが成り立つか、出題者が各自でご判断ください。

◆〈時間〉につきましては、目安とお考えください。

◆［**○年度**］は、問題の出題年度です。［**2024年度**］は、「2023年の秋から冬にかけて行われた2024年度入学志望者向けの考査で出題された問題」という意味です。

◆**学習のポイント**は、指導の際にご参考にしてください。

◆【**おすすめ問題集**】は各問題の基礎力養成や実力アップにお役立てください。

〈本書ご使用にあたっての注意点〉

◆文中に **この問題の絵は縦に使用してください。** と記載してある問題の絵は縦にしてお使いください。

◆〈準備〉の欄で、クレヨンと表記してある場合は12色程度のものを、画用紙と表記してある場合は白い画用紙をご用意ください。

◆文中に **この問題の絵はありません。** と記載してある問題には絵の頁がありませんので、ご注意ください。なお、問題の絵の右上にある番号が連番でなくても、中央下の頁番号が連番の場合は落丁ではありません。

下記一覧表の●が付いている問題は絵がありません。

問題１	問題２	問題３	問題４	問題５	問題６	問題７	問題８	問題９	問題10
●									●
問題11	問題12	問題13	問題14	問題15	問題16	問題17	問題18	問題19	問題20
●	●								
問題21	問題22	問題23	問題24	問題25	問題26	問題27	問題28	問題29	問題30
			●						
問題31	問題32	問題33	問題34	問題35	問題36	問題37	問題38	問題39	問題40
					●				
問題41	問題42	問題43	問題44	問題45	問題46	問題47	問題48	問題49	問題50
									●

㊢ 先輩ママたちの声！

◆実際に受験をされた方からのアドバイスです。
ぜひ参考にしてください。

追手門学院小学校

・知能テスト、運動テストだけでなく、生活習慣や態度も評価されるので、家庭の役割が重要だと感じます。

・思っていたよりもお昼休みが長く（約２時間）、子どもが飽きないように持っていった迷路の本が役に立ちました。

・個別テストでは見る記憶、数量、巧緻性の問題が出題されます。特に巧緻性の問題は何年も同じものが出題されています。

・規則正しい生活を送ること、お手伝いを徹底して行わせることを大切にして、勉強をしました。

関西大学初等部

・問題に写真やカラーイラストが使われているので、慣れておく必要があると感じました。

・ペーパーテストは、５色（赤、青、黄、緑、黒）のクーピーペンを使用しました。試験時間は45分程度で、試験の一部に電子黒板を使用したようです。訂正の印は＝（２本線）を使用します。

・面接では、志願者への質問の答えに対して「それはどうしてですか」という追加の質問が多かったです。質問は志願者によって異なるようです。

・ペーパーテストの内容は基本から応用まで幅広く出題され、行動観察は指示が聞けているかなども併せて観られているようでした。

〈追手門学院小学校〉

※問題を始める前に、本書冒頭の「本書ご使用方法」「本書ご使用にあたっての注意点」をご覧ください。
※本校の考査は鉛筆を使用します。間違えた場合は×で訂正し、正しい答えを書くよう指導してください。

**保護者の方は、別紙の「家庭学習ガイド」「合格のためのアドバイス」を先にお読みください。
当校の対策および学習を進めていく上で役立つ内容です。ぜひご覧ください。**

2024年度の最新問題

問題1　分野：面接（保護者面接）

〈準備〉　なし

〈問題〉　**この問題の絵はありません。**
出願時に面接日時の指定あり、試験日前に行われる。先生は２名。

【父親への質問】
・お子さまの自立を促すためご家庭でされていることを教えてください。
・自己紹介を短く、志望動機を詳しく教えてください。
・お子さま（お母さま）を自慢してください。
・最近、絵本の読み聞かせをされた中で最も印象に残っているのは何ですか。
・出身校について（小、中、高、大）
・仕事におけるモットーを教えてください。
・ご自身の小学校時代は、どのような子どもでしたか。
・将来、お子さまには、どのような大人になってほしいと思われますか。
・説明会、公開授業について、印象に残っていることを教えてください。
・お母さまはどのような方だと思われていますか。
・当校を卒業の場合、在学時の担任の先生は誰でしたか。
　通われていた時と違うかも知れませんが、今の小学校の印象はいかがですか。
・当校を卒業の場合、在学中、一番印象に残っていること
・（兄姉が違う学校に通っている方へ）どちらの学校に通っていますか。
　当校を志願されなかった理由をお聞かせください。

【母親への質問】
・志願理由について（父親の志願理由に補足はないか）
・出身校について（小、中、高、大）
・通学経路について
・今までに説明会・公開授業に来られる機会はありましたか。またその時印象に残っていることはありますか。
・家庭教育で大事にしていることは何ですか。
・仕事をされていますか。その時お子さまはどうされていますか。何かあれば日中連絡はつきますか。
・お子さまが年長になって一番成長したと感じたところは何ですか。
・ご自身がこの追手門学院小学校でやり直すなら、どんな事をしたいですか。
・発熱した場合、誰が一番にお迎えに来ていただけますか。
・お子さまのここは直して欲しいと思うところを教えてください。
・ご兄弟はいらっしゃいますか。兄弟でいる時のお子様の様子はどうですか。
・お父さまのことをどのような方だと思われていますか。
・絵本の読み聞かせはしていますか。またその日はどの様に過ごされますか。
・家族での記念日はありますか。またその日はどの様に過ごされますか。
・（卒業生の方へ）在学中の担任の先生は誰でしたか。
　何が一番印象に残っていますか。

〈時間〉　15分

〈解答〉　省略

アドバイス

当校の面接は、提出した願書を面接官の先生方が見ながら行われます。質問の量がかなり多いため、「どのようなご家庭なのか」をしっかりと把握したいという学校側の姿勢が見受けられます。質問は、ご自身について、お子さまについて、学校について、ご家庭についてなど、多岐に渡ります。日常生活や幼稚園・保育園での出来事など、お子さまから話を聞くことを日々の習慣にしましょう。お子さまの性格や日頃の行動、考え方など、さまざまなことをご家庭で共有し、お子さまへの理解度を高めてください。また、しつけや学習面など、普段から心がけていることを、どのように話すか整理しておきましょう。学校の教育方針や学習環境については、ＨＰで公開されている情報を確認したり、説明会やイベントへ積極的に参加するなどし、理解を深めておくことを強くおすすめ致します。。

【おすすめ問題集】

新　小学校受験の入試面接Ｑ＆Ａ、家庭で行う面接テスト問題集、
保護者のための面接最強マニュアル

弊社の問題集は、同封の注文書のほかに、
ホームページからでもお買い求めいただくことができます。
右のQRコードからご覧ください。
（追手門学院小学校のおすすめ問題集のページです。）

問題2　分野：お話の記憶／口頭試問

〈準備〉　鉛筆

〈問題〉　今からお話をしますから、よく聞いて質問に答えてください。

ある日曜日、さくらちゃんはお母さんと一緒に朝ごはんを作る約束をしました。とても楽しみにしていたので、さくらちゃんは朝早くに目が覚めました。さくらちゃんはまず、お花に水をあげました。それから手をきれいに洗いました。キッチンに行くと、お母さんが準備をしていました。さあ、朝ごはん作りの始まりです。さくらちゃんはお気に入りのパンダの模様のエプロン、お母さんは花のつぼみのエプロンをつけました。まずお母さんは三角のおにぎりを3個、さくらちゃんは丸いおにぎりを2個作りました。お父さん用の大きなおにぎりも、さくらちゃんが2個作りました。その後、お母さんはゆで卵を3個作りました。さくらちゃんはサラダの盛り付けをしました。サラダに大好きなブロッコリーを乗せたかったのですが、なかったので、小さなトマトを乗せました。出来上がった朝ごはんを見て、お父さんがとてもびっくりしていました。みんなで食卓に座って、一緒に朝ごはんを食べました。さくらちゃんは三角のおにぎりと丸いおにぎりを一つずつ食べました。食べ終わったさくらちゃんは、自分のお皿をキッチンまで運びました。お母さんは「上手にできたね。また一緒につくろうね。」と言ってくれました。

（問題2の絵を渡す）
①さくらちゃんは誰と朝ごはんを作りましたか。○をつけてください。
②さくらちゃんのエプロンはどんな柄でしたか。○をつけてください。
③お母さんはおにぎりをいくつ作りましたか。作った数だけ四角に○を書いてください。
④さくらちゃんはおにぎりをいくつ作りましたか。作った数だけ四角に○を書いてください。
⑤さくらちゃんはブロッコリーの代わりに何を乗せましたか。○をつけてください。
⑥この絵の中でお話に関係ないものに○をつけてください。

〈時間〉　各10秒

〈解答〉　下図参照

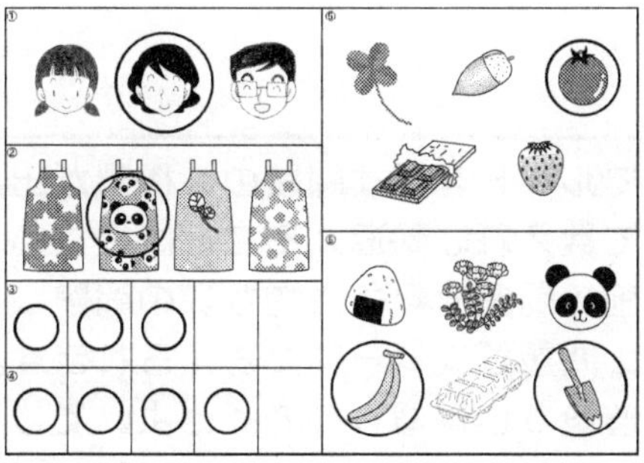

アドバイス

お話の内容は、日常でよく見られる状況なので、想像しやすいと思います。また、問題の内容も簡単なものが多いので、落ち着いて聴くことができれば問題はないでしょう。登場人物がそれぞれどんな行動をしたのか、保護者の方は、お子さまのちょっとした仕草から、理解の状況を推測してください。普段の読み聞かせも、質問をはさみながら進めると、お子さまの興味の方向や理解度などに気づきやすくなるでしょう。お話の記憶は、すべての問題を解く基礎となりますし、入学後に必要な力が凝縮されていると言っても過言ではありません。読み聞かせをしっかりとして、基礎力のアップを図りましょう。

【おすすめ問題集】

１話５分の読み聞かせお話集①・②、お話の記憶問題集　初級編・中級編、
Ｊｒ・ウォッチャー19「お話の記憶」、20「見る記憶・聴く記憶」、
口頭試問最強マニュアル　ペーパーレス編・生活体験編、新　口頭試問問題集

問題３　分野：数量（選んで数える）／口頭試問

〈準　備〉　なし

〈問　題〉　絵を見ながら答えてください。
①バナナは全部でいくつありますか。
②ミカンとバナナの数を合わせるといくつになりますか。
③モモとミカンの数の違いはいくつですか。
④モモを10個にするにはあといくつ必要ですか。
⑤下に４マス、右に６マス移動するとモモはいくつ買えますか。
⑥リンゴを５個買ってレジに行くにはどの道を通ればいいですか。
⑦あなたの好きな果物は何ですか。それはどうしてですか。

〈時　間〉　各30秒

〈解　答〉　①10　②17　③１　④２　⑤３　⑥省略　⑦省略

アドバイス

選んで数える問題と、矢印のお約束に沿ってルートを探す問題の２種類が出題されています。果物は整列されているので、落ち着いて数えれば間違えることは少ないでしょう。問題を解いていると気がつくと思いますが、前の問題で数えた物が次の問題にも関係しています。その点に気がつき、覚えておけば次の問題がスムーズに答えられます。また、問題数が多いので、冷静に素早く解けるよう、普段から練習しておくとよいでしょう。⑥は複数回答がありますが、リンゴの数で判断してください。なぜそのルートを選んだのかを聞いてみるのもよいでしょう。口頭試問ではお子様の様子を見て質問が追加されることがあります。急な質問にもはっきりと、自身を持って答えられるように練習しておくことをおすすめします。

【おすすめ問題集】

Ｊｒ・ウォッチャー７「迷路」、14「数える」、37「選んで数える」、38「たし算・ひき算１」、39「たし算・ひき算２」、47「座標の移動」、新　口頭試問問題集

問題4　分野：推理（回転推理・四方向）／口頭試問

〈準備〉　なし

〈問題〉　**この問題の絵は縦に使用してください。**
上の絵を見てください。それぞれが果物を食べています。真ん中の果物が乗っているお皿だけぐるぐる回ります。
①男の子がリンゴを食べるとき、女の子は何を食べますか。
②お父さんがモモとミカンを食べるとき、お母さんは何と何を食べますか。
③の絵を見てください。左の四角の中の積み木を矢印の方向から見ると、どのように見えますか。
④も同じようにやってください。
⑤公園で何をして遊びますか。
⑥公園でしてはいけないことは何ですか。

〈時間〉　各30秒

〈解答〉　①ブドウ　②ミカンとモモ　③右から二番目　④右端　⑤⑥省略

アドバイス

①②の回転の問題は、実際にやってみるとお子さまの理解度が格段に上がります。丸いお盆の上に果物やおもちゃを乗せて回してみてください。遊びとして試していく中で、自然に回転への理解度が深まっていくでしょう。③④の積み木の問題も同様に、実際の体験が理解度に大きく関わります。実際に積み木を積み上げたり、色々なものを様々な角度から観察させて、立体的に目で確認させると、より理解を深められるでしょう。難易度を上げる場合、四方向から見える絵を示して、このように見えるように積み木を積ませる、という方法もあるでしょう。具体物を使用した学習は、楽しく能動的に行うことがポイントです。⑤⑥は、生活体験に基づく回答が求められます。普段の生活が問われています。コロナ禍の生活を送られてきたお子さまは、この質問に即答できたでしょうか。また、回答時のお子さまの様子はいかがだったでしょうか。そのような点も意識して対策をとりましょう。

【おすすめ問題集】
Ｊｒ・ウォッチャー5「回転・展開」、16「積み木」、31「推理思考」、50「観覧車」、53「四方の観察（積み木編）」、新　口頭試問問題集、口頭試問最強マニュアル　ペーパーレス編・生活体験編

問題5　分野：図形（パズル）／口頭試問

〈準備〉　問題5－1の絵をあらかじめ切り取っておく

〈問題〉　・①の三角2枚を使って四角を作りましょう。
（問題5－2の絵を見せる）
・先ほど作った四角は三角2枚で作れましたが、この大きな四角は三角何枚で作れますか。
・②の三角6枚を使って台形を作りましょう。
・③の台形4枚で大きな台形を作りましょう。

〈時間〉　各1分

〈解答〉　下図参照

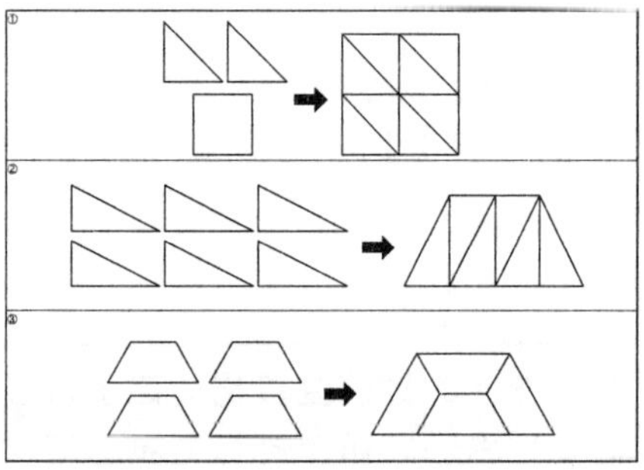

アドバイス

図形構成の問題ですが、次の問題が発展問題となっている出題方法をとっています。このような出題形式の問題に取り組むときは、頭の切り替えが大切です。前の問題のことが頭に残っていると、新たな考えが浮かんできません。この問題の対策としては、先ずは、簡単なパズルから始め、少しずつ難易度を上げていきます。ある程度慣れてきたら、今度はタングラムを取り入れ、実践的な対策をとられることをおすすめ致します。また、この問題をコピーしたものを厚紙に貼って、線に沿って切れば、多くのピースを作ることができます。それらの形を利用して、色々な物を作ることも有効です。問題を見て分かる通り、一つの観点にとらわれていたら正解を出すことはできません。できずに悩んでいる場合、積極的にピースを動かし、試行錯誤することを教えてあげてください。

【おすすめ問題集】
Ｊｒ・ウォッチャー３「パズル」、35「重ね図形」、59「欠所補完」、
口頭試問最強マニュアル　ペーパーレス編・生活体験編、新　口頭試問問題集

家庭学習のコツ①　「先輩ママのアドバイス」を読みましょう！

本書冒頭の「先輩ママのアドバイス」には、実際に試験を経験された方の貴重なお話が掲載されています。対策学習への取り組み方だけでなく、試験場の雰囲気や会場での過ごし方、お子さまの健康管理、家庭学習の方法など、さまざまなことがらについてのアドバイスもあります。先輩ママの体験談、アドバイスに学び、ステップアップを図りましょう！

問題6　分野：見る記憶

〈準備〉　鉛筆

〈問題〉　絵を見て覚えてください。
（問題6－1の絵を見せる。20秒後、問題6－1の絵を伏せ、問題6－2の絵を渡す）
①今見た絵で、黒い部分には何がありましたか。○をつけましょう。
②も同じようにやりましょう。

〈時間〉　各30秒

〈解答〉　①ボールで遊ぶイルカ　②縞のシャツ、黒いイルカ

アドバイス

記憶の問題は「何があるか」と「どこにあるか」の２点の記憶が必要です。特に今回の問題では、イルカ、ゾウ、帽子、シャツがそれぞれ２種類あるなど、「何があるか」の部分に注意が必要な内容になっています。それぞれに名前＋特徴の２つをセットにして記憶しなければならないため、難易度が上がっています。お子さまが苦手に感じているようであれば、全体を見たり、細かく見たりといった形でお子さまの覚えやすい方法を一緒に探してください。その中でも形を覚えるのが苦手なのか、数を覚えるのが苦手なのか、お子さまは何ができて何ができないのかを保護者の方がしっかりと掴んでおきましょう。記憶力を身につけるための近道はありません。問題に慣れるためには、少しずつ練習を重ねることが大切です。

【おすすめ問題集】
Ｊｒ・ウォッチャー20「見る聴く記憶」、苦手克服問題集　記憶

問題7　分野：数（違いの数）

〈準備〉　鉛筆

〈問題〉　四角の中の絵はそれぞれいくつ違いますか。違いの数だけ、下の四角に○を書きましょう。

〈時間〉　１分

〈解答〉　①○：２　②○：４　③○：７

アドバイス

①から③へ徐々に数が増えるので、どれだけ集中して数えられるかが問われます。落ち着いて、端から丁寧に数えましょう。見る場所を指でなぞりながら確認していくのがおすすめです。解答時間が短いので、同じルートを辿らないよう注意しましょう。集中して練習を繰り返すことでお子さまなりの解き方を習得します。ミスの減少やスピードアップにつながっていきますので、焦らず取り組みましょう。集中力を保つことは他の問題全てに関わることですので、根気強く、また楽しみながら練習を重ねましょう。

【おすすめ問題集】
Ｊｒ・ウォッチャー14「数える」、15「比較」、37「選んで数える」

問題8　分野：推理（移動推理）

〈準備〉　鉛筆

〈問題〉　傾いたコップの中の印をまっすぐ下に下ろすとどうなりますか。正しいものを選び○をつけましょう。

〈時間〉　30秒

〈解答〉　左下

アドバイス

問題を一度聞いただけで趣旨が理解できたでしょうか。例え、理解できなくても、選択肢を見れば、どのようなことを問われているのかは分かると思います。この問題では、斜めのコップを立てると中の印はどうなるかということですが、勘が良いお子さまなら、コップを立てても、並んでいる順番は変わりませんから、特徴的な二重丸の位置関係に注視してみれば簡単に解けると思います。この問題の解き方は、同図形・異図形の問題を解くときと同じ比較方法を用いることが可能です。一つは左の絵とそれぞれの選択肢を比べる方法。もう一つは、選択肢同士を比較し、相違点が見つかったらその箇所に限定して左の絵と比較する方法です。どの解き方をしても構いませんが、このように、別の問題の解き方を応用して解くことができるのは、この問題に限定したことではありません。他の問題でも探してみてください。

【おすすめ問題集】
Ｊr.ウォッチャー31「推理思考」、46「回転図形」

問題9　分野：言語

〈準備〉　鉛筆

〈問題〉　左側の絵の真ん中にくる言葉が、名前のどこかに入っているものを見つけて○をつけましょう。

〈時間〉　各30秒

〈解答〉　①机　②さつまいも、鉛筆

アドバイス

このような問題は、どれだけ語彙を知っているのか、どれだけ言葉遊びをしているのかがポイントになります。初めて見た物の名前は正式な呼び名で教えたり、図鑑などを見て興味を持たせて、憶えていくとよいでしょう。言語の問題で大切なのは、語彙の豊富さだけではなく、物の名称を正確に憶えることです。地方や家族独特の言い方ではなく、一般名称で憶えるようにしましょう。そのためには、周りにいる大人が正確な情報を教えていくことが大切です。このような言葉に関する学習は、机上だけではなく、ドライブなど外出した際に取り入れて力を伸ばす方法もおすすめです。しりとり、言葉集めなど、言葉遊びはたくさんあります。何事も学びは楽しく行うのが一番であることを忘れないでください。

【おすすめ問題集】

Ｊｒ．ウォッチャー17「言葉音遊び」、18「色々な言葉」、60「言葉の音（おん）」

問題10　分野：巧緻性

〈準 備〉　積み木、箸、コップ、皿、ヒモ（30cm程度）、背もたれのあるイス

〈問 題〉　**この問題の絵はありません。**
①箸使い（積み木、箸、コップ、皿を使用）
お皿の上の積み木を箸でコップに移してください。
やめの合図があったら、箸を元あった場所に置いて待ちましょう。
②蝶結び（ヒモ、背もたれのあるイスを使用）
ヒモをイスの背もたれの所に蝶結びしてください。
終わったら「休め」の姿勢で待ちましょう。

〈時 間〉　各１分

〈解 答〉　省略

アドバイス

指示された行動は「積み木を箸で移動させる」「蝶結びをする」です。これらの行動は一朝一夕では身に付きませんので、日頃からご家庭で練習しておく必要があります。しかし、こういった問題で一番重要なのは、出題者の話を最初から最後まできちんと聴くことです。例えば①の問題には、「積み木を箸でコップに移す」「やめの合図があったら」「元あった場所に」「箸を置いて」「待ちましょう」と、５つの指示が含まれています。箸の扱いで頭がいっぱいになってしまっては、その後の指示が疎かになってしまうでしょう。監督をする先生は行動のすべてを観ています。当日に後悔しないように、人の話をきちんと聴く習慣を身に付けさせておきましょう。この問題で行っている「箸使い」「蝶結び」「休め」は事前に発表されていた内容の一つになってますから、箸の持ち方、蝶結び、休めは完璧にできていなければ減点になります。「休め」は視線までチェックの対称となります。説明会では、何処まで求めているかも説明されますので、説明会の参加は必須です。

【おすすめ問題集】

Ｊｒ．ウォッチャー25「生活巧緻性」、実践ゆびさきトレーニング①・②・③

問題11　分野：行動観察（瞑想）

〈準 備〉　イス

〈問 題〉　この問題の絵はありません。
床に足をつけ、手を膝の上に置いて、やめの合図があるまで目を閉じてじっと座りましょう。

〈時 間〉　１分

〈解 答〉　省略

アドバイス

箸使いや蝶結びといっしょに、「躾」の問題として必ず出題される瞑想です。お子さまがしっかりと指示を聞き、事前に発表されていた状態ができていることが評価となり、できていないと減点になります。瞑想の本来の目的である「気持ちを落ち着け、気分を切り替える」ことの意味も含まれた出題ですから、出題意図も理解して取り組むようにしましょう。もし、お子さまが集中して取り組めない場合は、保護者の方も一緒に瞑想をしてみましょう。周囲の様子は気にせず、集中している姿を見せることも大切です。また、瞑想を習慣にすることで、お子さまも徐々に抵抗がなくなり、自然に取り組めるようになります。学習の前と終わりに取り入れてみてはいかがでしょう。

【おすすめ問題集】
新　口頭試問問題集、口頭試問最強マニュアル　ペーパーレス編・生活体験編

家庭学習のコツ②　「家庭学習ガイド」はママの味方！

問題演習を始める前に、試験の概要をまとめた「家庭学習ガイド（本書カラーページに掲載）」を読みましょう。「家庭学習ガイド」には、応募者数や試験課目の詳細のほか、学習を進める上で重要な情報が掲載されています。それらの情報で入試の傾向をつかみ、学習の方針を立ててから、対策学習を始めてください。

問題12　分野：運動テスト

〈準備〉　４拍子の曲、コーン

〈問題〉　**この問題の絵はありません。**

①番号を呼ばれたら、「はい」と言って手を上に伸ばしましょう。
②号令に合わせて「気をつけ」「休め」をしましょう。
　グループごとに行います。他のグループは後ろを向いて三角座り（体育座り）で待ちましょう。
③音楽に合わせてその場で行進しましょう。
④チームで相談して、１月から誕生日の順番に並びましょう。
⑤リレー形式で、コーンまではケンパ、帰りはスキップで帰りましょう。

〈時間〉　適宜

〈解答〉　省略

アドバイス

アドバイスを読んでいただくと分かると思いますが、当校は入試で出題する基本動作を事前に発表しています。また説明会では入試で使用する物も展示されることから、説明会の参加は必須です。学校側は「当校を志望するなら、求めていることも理解していただきたい。その意思も観させてもらうためにも事前に発表しています。事前に発表するのだから、入試では完璧を求めるため、それ以外は減点します。試験までに練習してきてください。」と言ってます。そして、何事も一生懸命、最後まで取り組むことを求めています。事前発表がされていない内容については、完璧でなくても構いません。普通の行動観察、運動テスト同様に、指示の遵守、取り組む姿勢などが観られています。また、この問題は、お友達と話し合うことも求められています。初めて会ったお友達と話し合うのはハードルの高いことだと思いますが、積極的に関わること、人の話に耳を傾けること、協調性の精神を忘れずに取り組みましょう。

【おすすめ問題集】
　Ｊｒ・ウォッチャー28「運動」、新　運動テスト問題集

2023年度の過去問題

問題13　分野：お話の記憶／口頭試問

〈準　備〉　鉛筆

〈問　題〉　（出題の後に質問があります）
今からお話をしますから、よく聞いて質問に答えてください。

ウサギさんは、今朝とても早く目が覚めました。今日は待ちに待った幼稚園の遠足の日だからです。ウサギさんがリビングへ行くと、お母さんが朝ご飯を用意してくれていました。今日の朝ご飯は、パンと牛乳とサラダとリンゴです。朝ご飯を食べ終わったら、歯磨きをして、幼稚園の制服に着替え、お弁当を持って、お母さんと一緒に家を出ました。幼稚園に向かう途中で、同じタンポポ組のリスさんに会いました。リスさんは、水玉模様の青色のリュックサックを背負い、手にはピンク色の水筒を持っていました。ウサギさんとリスさんは、一緒に幼稚園へ行きました。幼稚園に着くと、もうすでに、たくさんのお友だちが集合していました。いよいよ、バスに乗って遠足の目的地である公園へ向かいます。公園に到着するまでの間、ウサギさんはバスの中から、外の景色を眺めていました。バスからは、パン屋、本屋、花屋が見えました。公園に着くと、ウサギさんは、リスさん、ゾウさん、イヌさん、ネコさん、クマさんと一緒にキャッチボールをして遊びました。他にも、鬼ごっこや、ブランコをして遊びました。お昼ごはんには、お母さんが作ってくれたお弁当を食べました。お弁当の中には、おにぎりが３つ、ウインナーが２つ、そら豆が４つ、卵焼きが２つ入っていました。どれもとても美味しくて、ウサギさんは幸せな気持ちになりました。帰りのバスでは、ウサギさんは疲れて眠ってしまいました。バスが幼稚園に着くと、お母さんが迎えに来てくれていました。ウサギさんは、遠足の話をお母さんにしながら、手をつないで家まで帰りました。

（問題13の絵を渡す）
①リスさんは何組ですか。正しい絵に○をつけてください。
②リスさんの持っていた荷物に○をつけてください。
③行きのバスから見えなかった建物に○をつけてください。
④ウサギさんのお弁当の中身で、二番目に多かったものに○をつけてください。
（志願者へ質問）
・遠足に行ったとき、何が一番楽しかったですか。
・家の中ですることで、何が一番好きですか。

〈時　間〉　各10秒

〈解　答〉　下図参照

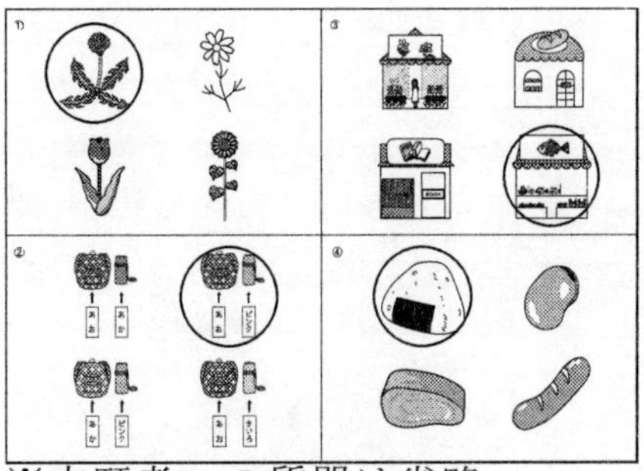

※志願者への質問は省略

［2023年度出題］

アドバイス

お話の記憶を解く力は、普段からの読み聞かせの量が比例します。お子さまはしっかりと記憶できていたでしょうか。お話自体は、それほど長いものではありませんが、記憶すべきポイントが多いため、最後まで集中して聞く必要があります。お話の記憶の問題では、１つひとつの場面をイメージしながら聞くと、登場人物の特徴や、それぞれがとった行動などが記憶しやすくなります。保護者の方は、お子さまが解答しているときの様子を観察し、しっかりと記憶できていたかをチェックしてください。もし、お子さまが当てずっぽうで解答していると感じたときは、追加で質問をすることでわかります。「ウサギさんが食べた朝ご飯は何かな」「ウサギさんが公園でした遊びは何かな」という具合に、質問を増やし、お子さまがどこまで記憶できていたかを確かめましょう。お話の記憶は自分が体験したことや、知っている内容などの場合、記憶しやすいと言われてますが、コロナ禍の生活を強いられ、生活体験量も多くなかったと思われます。普段の生活でコミュニケーションをとり、読み聞かせや、図鑑などを読むことで、記憶力と知識をしっかりと身につけるようにしましょう。

【おすすめ問題集】

1話5分の読み聞かせお話集①・②、お話の記憶問題集 初級編・中級編、
Ｊｒ・ウォッチャー19「お話の記憶」、20「見る記憶・聴く記憶」

問題14　分野：見る記憶／口頭試問

〈準備〉　鉛筆

〈問題〉　絵をよく見て覚えてください。
（問題14-１の絵を見せる）
（20秒後、問題14-１の絵を伏せ、問題14-２の絵を渡す）
今見たものと同じように、積み木に形を書いてください。

〈時間〉　30秒

〈解答〉　省略

［2023年度出題］

アドバイス

実際の試験では、色のついた積み木の並びを覚え、同じ位置に配置するという内容でした。実際の試験と本問のどちらも、記憶する内容は複雑ではありませんので、１つひとつの色や形をしっかりと見て、正確に記憶しましょう。お子さまが見る記憶の問題に苦手意識を感じていましたら、最初のうちは記憶する内容を声に出して覚えることをおすすめいたします。本問では、「二重丸、三角、黒丸、二重三角」と並び順に形を復唱します。こうすることで、自分が発するリズムや音によって内容を印象づけることができます。慣れてきたら、声を出さずに、頭の中で復唱するようにしましょう。

【おすすめ問題集】

Ｊｒ・ウォッチャー20「見る記憶・聴く記憶」

問題15　分野：数量（数える、たし算・ひき算）／口頭試問

〈準備〉　なし

〈問題〉　（問題15の絵を見ながら解答する）
①○はいくつありますか。
②○と△を合わせるといくつになりますか。
③☆を10こにするには、あといくつ必要ですか。
④○、△、☆の中で、一番数が多いものは何ですか。

〈時間〉　各20秒

〈解答〉　①10　②14　③1　④○

[2023年度出題]

アドバイス

本問の解き方を細かく分けると「数を数える」「比較し、正解を見つける」という作業に分けることができます。この２つの作業で、最初の「数を数える」の作業で最もミスが発生しやすくなります。原因としては、「重複して数える」「数え忘れ」が挙げられます。これらのミスを防ぐ方法には、数える順番（方向）を一定にすることです。また、数えた数を記憶する必要があります。本問は口頭試問のため、数えたものにチェックをつけることができません。また、数えたものにチェックを入れると、④の比較をするような問題で困惑します。数を数えることに慣れるために、最初のうちは数の少ないものから練習し、慣れるようにしましょう。

【おすすめ問題集】
Ｊｒ・ウォッチャー４「数える」、15「比較」、37「選んで数える」、
38「たし算・ひき算１」、39「たし算・ひき算２」、

問題16　分野：図形（構成）／口頭試問

〈準備〉　鉛筆

〈問題〉　左の絵は、右の絵を重ねたものです。重なっている絵に○をつけてください。
下も同じようにやってください。

〈時間〉　１分

〈解答〉　①リンゴ、鉛筆　②カタツムリ、風車、パイナップル

[2023年度出題]

アドバイス

同図形探しをアレンジした問題になります。同じ形ではあるのですが、一方は影（シルエット）になっており、しかも重なっているため、形の一部が隠れています。そういう意味では、図形の問題ではありますが、推理の要素も含まれています。解き方としては、形の特徴をしっかりとらえて、同じものを見つけるということになります。本問では、同じような形が選択肢にないため、直感的に解くことのできる問題だと思いますが、お子さまが難しく感じているようでしたら、選択肢の形を切り取って、実際に重ねてみるとよいでしょう。パズルのような感覚で取り組むことができ、どう重なっているのかも目で見ることができるので、問題の理解を深めることができます。

【おすすめ問題集】

Ｊｒ・ウォッチャー３「パズル」、35「重ね図形」、59「欠所補完」

問題17 分野：推理（ブラックボックス）／口頭試問

〈準備〉 鉛筆

〈問題〉 **この問題の絵は縦に使用してください。**
（問題17-１、17-２の絵を渡す）
上の絵を見てください。左側の形をそれぞれの箱に入れると、右側の形になって出てきます。では、下の絵を見てください。左側の形を、このような順番で箱に入れると、どのような形で右側に出てきますか。当てはまるものに○をつけてください。

〈時間〉 １分

〈解答〉 下図参照

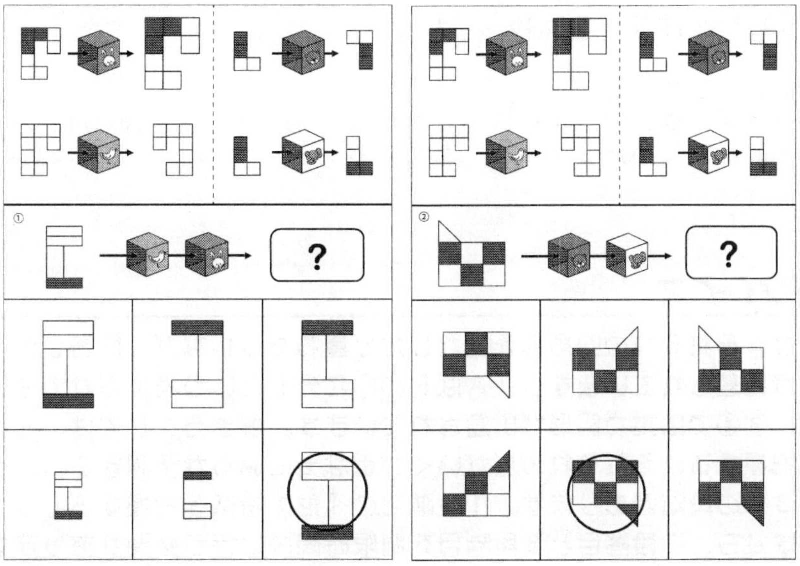

［2023年度出題］

アドバイス

まず、形がそれぞれの箱を通るとどうなるかを整理することから始めます。①ではトリとウサギの箱を通っています。トリの箱では形が左右反転、ウサギの箱では形が拡大されるため、右側には、その２つが反映された形が出てくることになります。②ではクマとゾウの箱を通っています。クマの箱では形が上下左右反転、ゾウの箱では形の色が逆になるため、右側には、その２つが反映された形が出てくることになります。このように、ブラックボックスの問題では、それぞれの箱のお約束を理解し、流れを順番に考えていくことが大切です。解答を間違えてしまった場合は、解答に至るまでの、お子さまの思考回路を確認し、どの段階でミスをしたのか、保護者の方がチェックしてあげてください。

【おすすめ問題集】
Ｊｒ・ウォッチャー32「ブラックボックス」

問題18　分野：図形（構成）／口頭試問

〈準備〉　なし

〈問題〉　（問題18－１の絵をあらかじめ切り取っておく）
この問題は、切り取った３つの形を使いながら解答ができます。また、それぞれの形が重なってもよいです。

①一番長い形はどれですか。指を指して答えてください。
②一番長い形は、一番短い形のいくつ分ですか。
この問題の絵は縦に使用してください。
（問題18－２、18－３の絵を渡す）
③④それぞれの形は、どの形をいくつ使って作ることができますか。

〈時間〉　①５秒　②15秒　③30秒　④30秒

〈解答〉　①省略　②７つ分
③一番目に長い形：１つ、二番目に長い形：３つ、三番目に長い形：１つ
④一番目に長い形：１つ、二番目に長い形：３つ、三番目に長い形：２つ

［2023年度出題］

アドバイス

実際の試験では、それぞれの四角形を動かしたり重ねたりしながら解答します。②では、形同士の比較が出題されています。「ＡはＢの○こ分」という考え方ができるようにしておきましょう。③④では重ね図形が出題されています。解き方としては、元になる３種類の形の特徴を把握する、それぞれの形がいくつ重なっているか予想する、形を重ねて確かめる、という３つの段階があります。１段階目の「形の特徴を把握する」は①②で済んでいると思いますから、２段階目と３段階目を制限時間内に行う必要があります。２段階目の「予想をする」については、①②で把握した形の長さなどを元に考えるとよいです。形がどのように配置されているか、予想が難しい部分があれば、長時間悩むことはせず、３段階目の「重ねて確かめる」作業に移りましょう。実際に手を動かすことで、重なり方が理解できます。

【おすすめ問題集】
Ｊｒ・ウォッチャー54「図形の構成」

問題19　分野：記憶（見る記憶）

〈準 備〉 鉛筆

〈問 題〉 絵をよく見て覚えてください。
（問題19-１の絵を見せる）
（20秒後、問題19-１の絵を伏せ、問題19-２の絵を渡す）
お道具箱に片付けられていたものに○をつけてください。

〈時 間〉 30秒

〈解 答〉 下図参照

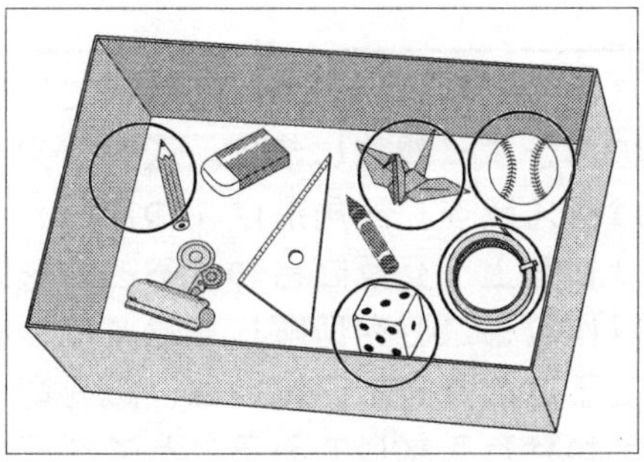

［2023年度出題］

アドバイス

問題19-１と問題19-２でお道具箱の中身が変わっているため、戸惑うかもしれませんが、記憶したものを落ち着いて探すようにしましょう。本問は、「何があるか」のみを問われており、「どこにあるか」や「いくつあるか」の記憶の必要がないため、それほど難易度は高くありません。もし本問が解けなかった場合は、記憶する要素を減らして練習したり、記憶時間を延ばしたりしながら、繰り返し学習してみてください。また、この問題では、記憶力だけでなく、巧緻性（手先の器用さ）も重要になります。お子さまが書いた○は、他の絵と被ったりせず、しっかりと１つの絵だけを囲めていますか。自分は折り鶴に○をつけたつもりでも、採点者が「クレヨンに○をつけている」と判断すれば誤答になりますから、１つひとつの解答をしっかりと書くように普段からの練習が必要です。

【おすすめ問題集】
Ｊｒ.ウォッチャー20「見る記憶・聴く記憶」、51「運筆①」、52「運筆②」

家庭学習のコツ②　「家庭学習ガイド」はママの味方！

問題演習を始める前に、試験の概要をまとめた「家庭学習ガイド（本書カラーページに掲載）」を読みましょう。「家庭学習ガイド」には、応募者数や試験課目の詳細のほか、学習を進める上で重要な情報が掲載されています。それらの情報で入試の傾向をつかみ、学習の方針を立ててから、対策学習を始めてください。

問題20　分野：図形（パズル）

〈準 備〉　鉛筆

〈問 題〉　左側の絵を作るには、右側の三角形がいくつ必要ですか。使う分だけ○をつけてください。下も同じようにやってください。

〈時 間〉　1分

〈解 答〉　①○：2つ　②○：6つ

［2023年度出題］

アドバイス

本問では、実際にパズルを使って解答することができないため、頭の中で正確にパズルをすることが必要になります。まず、お手本の形をよく観察します。次に、尖っている部分や四角い部分を三角形でどのように作れるか考えます。三角形は1つだと三角形のままですが、2つを合わせると四角になったり、3つを上下交互に合わせると台形になります。このように三角形だけで、三角形以外の形が作れることを理解しておくと、頭の中でパズルの検討が立てやすくなります。検討を立てることが難しい場合は、紙を切り取って実際にやってみましょう。いろいろな三角形の合わせ方を試してみることで、三角形以外の形の作り方を学ぶことができます。

【おすすめ問題集】
Ｊｒ．ウォッチャー３「パズル」

問題21　分野：常識（仲間外れ）

〈準 備〉　鉛筆

〈問 題〉　仲間外れのものに○をつけてください。

〈時 間〉　1分

〈解 答〉　①クジラ　②ネコ

［2023年度出題］

アドバイス

①は脚の数や、生息地が海か陸かで判断し、クジラが仲間外れになります。難易度の高くない問題ですから、確実に解答できるようにしておきましょう。また、どうしてそのように分けたのか理由も聞いてください。上述以外の理由で分け、それが納得いくようであれば正解としてください。ちなみに、クジラ、キリン、タヌキはどれも哺乳類です。哺乳類とは、卵を産まず（胎生）、肺で呼吸をする生き物のことです。クジラを魚類だと誤って覚えないように気をつけましょう。②では、干支に入っていないネコが仲間外れになります。干支の生き物は順番通りにすべて正しく答えられるようにしておきましょう。生き物の生態や干支は、図鑑を読んだり、読み聞かせをすることで知識が得られます。干支については、単純に暗記するのではなく、干支の成り立ちを描いたお話の読み聞かせをすると、流れがイメージしやすく、楽しみながら覚えることができます。

【おすすめ問題集】
Ｊｒ．ウォッチャー11「いろいろな仲間」

問題22 分野：言語（しりとり）

〈準備〉 鉛筆

〈問題〉 左の絵の最後の音を合わせてできる言葉の絵に○をつけてください。

〈時間〉 30秒

〈解答〉 ①サメ　②ゴリラ

［2023年度出題］

アドバイス

描かれてある絵の名前は、すべて知っているものでしたか。もし、本問に出てくるものの名前がわからないようであれば、語彙が不足していると言わざるを得ません。言語分野の学習は、机の上でなくても、問題集がなくてもできるものです。語彙数は、日頃の生活体験が大きく関わってきます。日常のコミュニケーションを持ち、しりとりをしたり、図鑑を読んだり、絵本の読み聞かせをすることなどが、語彙を増やし、名前と物が一致する有効な方法です。語彙は、馴染みのない難しいものを教える場合もありますが、あくまでも日常生活で自然と習得できるものを学習していきましょう。日常生活の中にたくさんある学びの機会を逃さないようにしてください。

【おすすめ問題集】

Ｊｒ・ウォッチャー17「言葉遊び」、18「いろいろな言葉」、49「しりとり」、60「言葉の音（おん）」

問題23 分野：図形（点結び）

〈準備〉 鉛筆

〈問題〉 上のお手本と同じように、点と点を線で結んでください。

〈時間〉 30秒

〈解答〉 省略

［2023年度出題］

アドバイス

点図形は、運筆の基礎です。曲線、直線など、さまざまな形の点結びを毎日練習することをおすすめいたします。回転や反転などをした複雑な点図形ではないので、姿勢を正し、丁寧に取り組んでいきましょう。鉛筆の持ち方も関係してきます。左から右、上から下へ書き進めるのが基本ですが、左利きのお子さまは、右側から書き始め、書いた線がきちんと見えるように進めていくとよいでしょう。点図形は、線の書き間違えが多くなるほど、訂正の印が増え、正しい線がどれなのか、本人も採点者もわかりにくくなってしまいます。書く方向、順序を決め、しっかりと模写ができるように練習をしていきましょう。

【おすすめ問題集】

Ｊｒ・ウォッチャー１「点・線図形」、２「座標」、51「運筆①」、52「運筆②」

〈関西大学初等部〉

※問題を始める前に、本書冒頭の「本書ご使用方法」「本書ご使用にあたっての注意点」をご覧ください。
※本校の考査は鉛筆を使用します。間違えた場合は×で訂正し、正しい答えを書くよう指導してください。

**保護者の方は、別紙の「家庭学習ガイド」「合格のためのアドバイス」を先にお読みください。
当校の対策および学習を進めていく上で役立つ内容です。ぜひご覧ください。**

2024年度の最新問題

問題24　分野：面接（親子面接）

〈準備〉　なし

〈問題〉　**この問題の絵はありません。**
出願時に面接日時の指定あり。試験日以前に行われる。先生は2名。保護者（2名以内）と志願者で実施。

【保護者への質問】
・志望動機をお聞かせください。
・オープンスクールに参加して印象に残ったことをお聞かせください。
・家庭での教育方針についてお聞かせください。
・お子さまの長所と短所を教えてください。
・お子さまが関西大学初等部に向いていると思う点をお聞かせください。
・お子さまの自慢できるところを、実際に褒めちぎってください。
・家庭での兄弟姉妹の関係についてお聞かせください。
・上の子どもとの違いについてお聞かせください。
・休みの日のお子さまとの過ごし方についてお聞かせください。
【志願者への質問】
・園の先生の名前を教えてください。どのような先生ですか。叱られたことはありますか。
・お友だちの名前を教えてください。何をして遊びますか。
・幼稚園の中と外で何をして遊びますか。
・家族で何をして遊びますか。
・普段はどんなお手伝いをしていますか。
・朝ご飯を食べてきましたか。誰が作りましたか。お父さんは作りますか。好きな料理のベスト3は何ですか。料理の手伝いをすることはありますか。
・将来の夢と、その理由は何ですか。
・1年生なったらやりたいこと、頑張りたいことは何ですか。
・お父さん、お母さんの好きなところはどこですか。

〈時間〉　15分

〈解答〉　省略

弊社の問題集は、同封の注文書のほかに、
ホームページからでもお買い求めいただくことができます。
右のQRコードからご覧ください。
（関西大学初等部のおすすめ問題集のページです。）

アドバイス

親子面接については、特別な内容が問われているわけではありません。家族、お子さまのこと、学校のこと、教育方針などに大別できます。どの質問にしても、保護者としての考え、想いをきちんと持っていることが肝要であり、求められていることだと思います。ご家庭での教育観・躾などはある程度共有しておく必要があるでしょう。特別なことは求められていませんが、面接を受ける際のマナーはきちんと確認をしておいてください。面接当日は非常に緊張します。お子さまへの質問に関しても特別な内容はありません。聞かれたことに対して、すぐに返答できる内容です。お子さまの意見は、正解を求められているのではありません。お子さまが思ったこと、考えたことであって、大切なのはそれをどのような表情、意欲で伝えるかです。お子さまの、いきいきとした表情が出せるよう、暖かな気持ちで包んであげてください。

【おすすめ問題集】
新　小学校受験の入試面接Ｑ＆Ａ、保護者のための入試面接最強マニュアル

問題25　分野：言語（クロスワード・仲間集め）

〈準備〉　クーピーペン（赤・青・黄・緑・黒）

〈問題〉　この問題の絵は縦に使用してください。
①上の絵を見てください。４つの絵の名前を、空いているマスに入れます。□が書かれている所は同じ文字が入ります。マスに入らないものを見つけて○をつけましょう。
②下の絵を見てください。左側の枠の中のものと同じ仲間のものはどれでしょう。右側の枠の中から選んで○をつけましょう。

〈時間〉　各１分

〈解答〉　①リンゴ　②リボン

アドバイス

①のクロスワードは語彙力が最も試される問題です。そして語彙力は普段のご家庭の生活が顕れます。日常生活の中で様々な言葉に触れることで、お子様の語彙力は身に付きます。ですから普段から正しい言葉遣いで、目にしたものを言葉にするよう心がけましょう。身の回りのものでしりとりをするなど、楽しく遊びながら続けることが大事です。
②の仲間集めは、共通点の見つけ方がカギになります。問題に慣れるまでは、声に出して読み上げるのも良いでしょう。この問題の場合は、読み上げてみると、言葉の最後に「ん」がつくことに気づきます。また、共通点には「言葉」や「形」、「季節」「用途」「場所」「生態」など様々なバリエーションがあります。これは一度に身につくものではないので、何度も同様の問題を解きながら、少しずつ視野を広げていきましょう。

【おすすめ問題集】
Ｊｒ・ウォッチャー17「言葉の音遊び」、18「いろいろな言葉」、49「しりとり」、60「言葉の音（おん）」

問題26　分野：言語（同音異義語）

〈準備〉　クーピーペン（赤・青・黄・緑・黒）

〈問題〉　同じ言葉だけど意味が違うものがあります。同じ言葉のものを線でつなぎましょう。ただし、線で結べないものすべてに○をつけましょう。

〈時間〉　１分

〈解答〉　下図参照

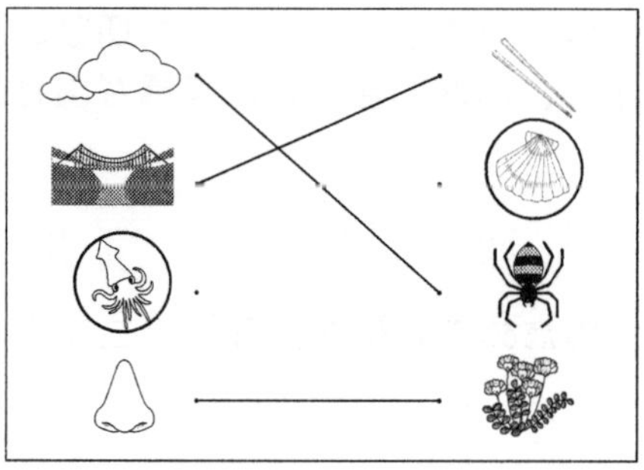

アドバイス

言語の問題は、いかに言葉を知っているかで正解率やスピードが違ってきます。日頃の読み聞かせや会話から覚える言葉は、相当身に付きます。正しい言葉遣いで会話し、語彙数を増やすことを心がけましょう。また、興味の持続には楽しさが不可欠です。しりとりや逆さ言葉、アナグラムなどで遊びながら、日常的に楽しんで言葉を増やしていきましょう。この問題は言語に関する問題ですが、同音異義語を線で結ぶ問題でもあります。お子さまが答えた後、書いた線が曲がっていないか、筆圧が弱くないか、点と点をきちんと結べていたかもチェックしてください。筆記用具の持ち方が悪いと筆圧が弱かったりしますし、姿勢が悪いと線が曲がったりします。解答には直接関係ないかもしれませんが、大切な要素の一つですから、今のうちからしっかりと書けるように修得しましょう。

【おすすめ問題集】

Ｊｒ・ウォッチャー17「言葉の音遊び」、18「いろいろな言葉」、49「しりとり」、51「運筆①」、52「運筆②」、60「言葉の音（おん）」

家庭学習のコツ①　**「先輩ママのアドバイス」を読みましょう！**

本書冒頭の「先輩ママのアドバイス」には、実際に試験を経験された方の貴重なお話が掲載されています。対策学習への取り組み方だけでなく、試験場の雰囲気や会場での過ごし方、お子さまの健康管理、家庭学習の方法など、さまざまなことがらについてのアドバイスもあります。先輩ママの体験談、アドバイスに学び、ステップアップを図りましょう！

問題27　分野：言語（濁音）

〈準備〉　クーピーペン（赤・青・黄・緑・黒）

〈問題〉　この問題の絵は縦に使用してください。
「カラス」に濁点をつけると「ガラス」になります。同じように左の絵の言葉に濁点をつけると意味が変わってしまうものを見つけて線で結びましょう。ただし、線で結べないものすべてに○をつけましょう。

〈時間〉　1分

〈解答〉　下図参照

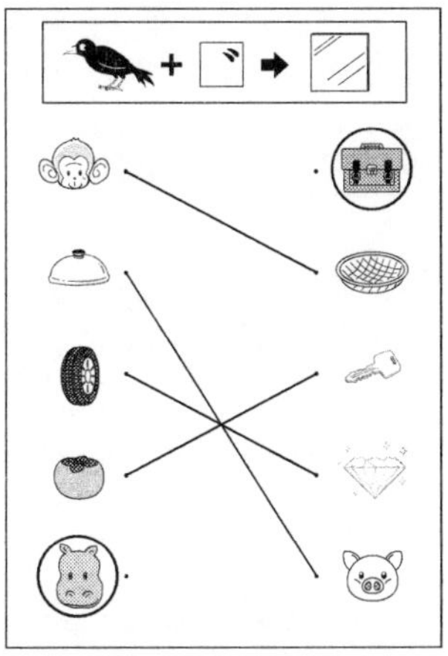

アドバイス

問題の説明を一度できただけでお子さまは理解できたでしょうか。問題の説明は一度しかされません。その一度の説明で理解をして問題を解かなければならないことから、説明の理解は重要になってきます。入試本番で説明を聞き漏らすと、気持ちの焦りが生じ、その後の問題にも影響を及ぼしてしまいます。そうならないためにもしっかりと説明を聞き、理解する力を修得しましょう。この問題も、普段からどれだけ言葉遊びをしているかで、正解率やスピードに大きな差が出ます。濁音や半濁音は言葉遊びに取り入れやすいので、楽しみながら学習するとよいでしょう。また、この問題も問題26と同様に、「線で結べないものすべてに○をつけましょう」と指示がされています。ここを聞き逃したり疎かにすると、当然減点の対象になります。出題者の話す言葉を最後まで注意深く聴くことは、解答の正誤と同様に重要です。聴く力を伸ばすことを意識して、練習問題に取り組むことをおすすめします。

【おすすめ問題集】
Ｊｒ・ウォッチャー17「言葉の音遊び」、18「いろいろな言葉」、49「しりとり」、51「運筆①」、52「運筆②」、60「言葉の音（おん）」

問題28　分野：言語

〈準備〉　クーピーペン（赤・青・黄・緑・黒）

〈問題〉　この問題の絵は縦に使用してください。
「サイコロ」という言葉の中に「サイ」が入っています。同じように左の言葉の中に入っている動物を見つけて線で結びましょう。ただし、線で結べないものすべてに○をつけましょう。

〈時間〉　１分

〈解答〉　下図参照

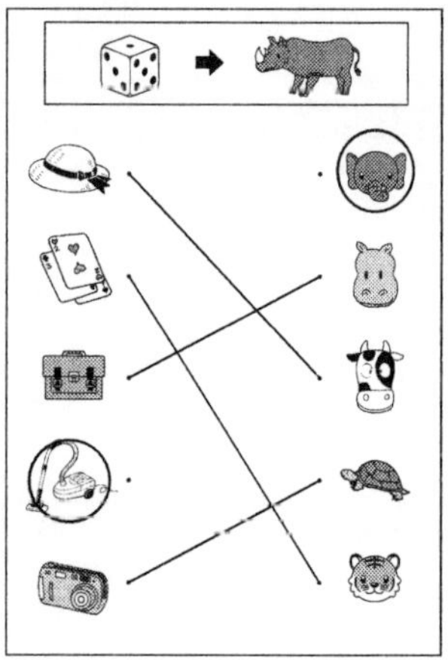

アドバイス

言葉の中から別の言葉を探す問題です。これも言葉遊びでよく見られるものです。言葉自体が短いので特に困ることは少ないように思います。慣れない試験会場でも落ち着いて取り組めるように、普段から同様の問題を解いておくことをおすすめします。お互いに問題を出し合って、楽しみながら語彙力を高めていきましょう。当校の入試の特徴の一つとして、同じような出題でも問われている内容が違う、一見、簡単そうな問題でも説明をしっかりと聞いていないと答えられてないというものがあります。このような出題の場合、問題そのもので問われている観点の他に、聞く力についても問われているととらえた方がよいでしょう。その場合、「聞く力」が別の問題にも含まれる可能性があると考えた方がよいでしょう。

【おすすめ問題集】

Ｊｒ・ウォッチャー17「言葉の音遊び」、18「いろいろな言葉」、49「しりとり」、60「言葉の音（おん）」

問題29　分野：ジャンケンの順番

〈準備〉　クーピーペン（赤・青・黄・緑・黒）

〈問題〉　太郎くんと花子さんがジャンケンをしました。太郎くんは「パー」を出して負け、次に「グー」を出してあいこでした。次に「チョキ」を出して勝ちました。花子さんが出したジャンケンの順番が合っているものを選んで、左の四角に○をつけましょう。

〈時間〉　30秒

〈解答〉　下から二番目

アドバイス

この問題を解く際、ペーパー上で考えると色々描いてあるため、かえって混乱してしまう可能性があります。このような問題の場合、視覚に頼るのではなく、聴力、記憶を元にして解答を見つけるようにしましょう。多くの問題は視覚を使って問題を解きますが、中には聴力・記憶をメインに解答を見つける方がいい問題もあります。この問題はじゃんけんを３回しますが、太郎君は、じゃんけんに「負け」「あいこ」「勝ち」という条件になっています。ということは、解答を選ぶとき「勝つもの」「あいこ」「負けるもの」を選ばなければなりません。この思考の転換をスムーズに行うのに記憶が必要となります。丁寧に説明を聞き、しっかりと把握できるようにしましょう。普段のお子さまとの時間に、条件をつけたじゃんけん遊びを取り入れることをおすすめします。負けるように出すというのもその中の一つです。 楽しみながら行いましょう。

【おすすめ問題集】
サクセスウォッチャーズ11「推理　基礎」、まいにちウォッチャーズ　練習編１

問題30　分野：数

〈準備〉　クーピーペン（赤・青・黄・緑・黒）

〈問題〉　下の形を上の見本通りに並べると余る形があります。見つけて○をつけましょう。

〈時間〉　１分

〈解答〉　□

アドバイス

数えるものが多いので、のんびり数えていては時間が足りなくなるかもしれません。素早く正確に数えるためには、コツと訓練が必要です。間違いを減らすためには、印をつけていく方法もありますが、常に同じ方向から数える、というきまりを設けることが重要です。数えるたびに違う数え方をしていると、どこかで数え間違いをしてしまいます。お子さまにとって一番間違いの少ない数え方を身につけられるように、同様の問題を数多く解くことをおすすめします。数える方向性が身についたら、あとは学習量を積むことでスピードも正確性も上がってきます。毎日少しずつでいいので、数える練習を取り入れるとよいでしょう。焦らず、取り組んでください。

【おすすめ問題集】
Ｊｒ・ウォッチャー４「同図形探し」、14「数える」、37「選んで数える」

問題31　分野：推理（長さ比べ）

〈準備〉　クーピーペン（赤・青・黄・緑・黒）

〈問題〉　上の見本の長さと同じ長さのものを見つけて○をつけましょう。

〈時間〉　１分

〈解答〉　右下

アドバイス

長さ、量、数などの長短、多少の問題は頻出度の高い問題です。まず、見本が目盛り何個分かを正確に数えられなければ正解にはつながりません。初めは印をつけたり、指で押さえながら数えてみるのもよいでしょう。頭の中だけで正確に数えられるようになるまで、同様の問題を繰り返し解くことをおすすめします。この問題では、メモリの数を数えることに加え、たし算の要素が必要になっています。落ち着いて計算できるように、こちらも繰り返し練習しましょう。

【おすすめ問題集】
Ｊｒ・ウォッチャー３「パズル」、15「比較」、45「図形分割」

問題32　分野：推理（指示操作）

〈準備〉　クーピーペン（赤・青・黄・緑・黒）

〈問題〉　○や□のボタンを押すと見本の果物が取れます。メロンを取るには○や□をどれだけ押せばいいですか。右側から選んで正しいものに○をつけましょう。

〈時間〉　１分

〈解答〉　下から二番目

アドバイス

指示操作の推理問題は、いかに早く指示の意味を理解するかにかかっています。今回の場合、○と□の２種類の指示が出てきます。まずリンゴの場合、スタート位置から３つめのマスがゴールなので、○は「右に１マス進む」指示ということがわかります。次にバナナの場合、右に６マス進むと、その１マス下がゴールになりますので、□は「下に１マス進む」指示と推測されます。ブドウも同様に解くと、□は「下に１マス進む」指示で正解だということが確認できます。しかしこの問題以上に、上下左右や方向転換など、複雑な指示が盛り込まれる可能性もありますので、お子さまの視野を広げるためにも、同様の問題に慣れておくことをおすすめします。

【おすすめ問題集】

Ｊｒ・ウォッチャー２「座標」、31「推理思考」、47「座標の移動」

問題33　分野：常識（季節／断面）

〈準 備〉　クーピーペン（赤・青・黄・緑・黒）

〈問 題〉　①左の四角の中で、竹に関係しないものに○をつけましょう。
②イチゴを半分に切りました。種の並び方が合っているものを右の四角から選んで○をつけましょう。

〈時 間〉　各20秒

〈解 答〉　①まつたけ、花咲かじいさん　②左下

アドバイス

常識問題は、保護者との関わりがあらわれやすい分野です。実物に触れ、興味を持たせて、学習意欲に繋げられるような場を是非与えてあげましょう。①の問題は、「竹に関係しないもの」と出題されています。お子さまの解答を観て、竹に関するものに印の筆跡が観られたときは、問題をしっかりと聞いていなかった可能性がありますので、確認してみてください。また、この問題には季節の要素も含まれます。まず保護者が季節のものを意識してお子様に伝えていかなければ、季節感が乏しいまま成長してしまいます。食べ物も、本来いつの季節の食べ物なのか、いつの行事に関わるものなのかなど、ご家庭で伝えるようにしましょう。②の断面はよく見られる基本的な問題ですので、日常生活の中で積極的に触れる機会を増やしてあげることを心がけてください。

【おすすめ問題集】

Ｊｒ・ウォッチャー11「色々な仲間」、12「日常生活」、27「理科」、30「生活習慣」、34「季節」

問題34　分野：推理（積み木つみ）

〈準備〉　クーピーペン（赤・青・黄・緑・黒）

〈問題〉　見本にある積み木を全部使って、一番高く積めるものを見つけて○をつけましょう。

〈時間〉　1分

〈解答〉　右端

アドバイス

口頭試問形式で積み木の問題が出題されるとき、多くの場合、実際に積み木が用意され積んだりします。しかし、今回の問題はペーパーテストの1問として出題されています。ですから実物を使って考えることはできません。その場合、実物を扱った経験の有無、多少が大きく影響します。このような問題の場合、具体物の操作に勝る学習方法はありません。問題を解き終えたら、保護者の方は答え合わせをするのではなく、実際に積み木を持ってきて、実際に積んでみましょう。形によって、積みやすい形と積めない形があることが分かります。そのことが分かれば、この問題もどの点に着眼すればよいかが分かるでしょう。また、積み木遊びを多くした子どもは、面積、体積での躓きが少ないと言われています。遊びも学習につながることを知っておいてください。

【おすすめ問題集】
Ｊｒ・ウォッチャー3「パズル」、16「積み木」、31「推理思考」

問題35　分野：行動観察

〈準備〉　画用紙、5色のクレヨン、（あらかじめ問題35－1の絵に色を塗っておく）

〈問題〉　（問題35－1の絵をわたす）
見本の絵と同じになるように色を塗りましょう。

〈時間〉　10分

〈解答〉　省略

アドバイス

昨年に続き、色塗りの問題が出題されました。見本と同じに、と指示がありますので、よく見て丁寧に塗りましょう。枠線をはみ出さずに塗るためには、クレヨンの先端の動かし方に気を使いましょう。はみ出さずに塗るコツとしては、外側から内側に塗るようにするとはみ出さずに綺麗に塗ることができます。ご自宅でもクレヨンの扱いに慣れるよう試してみるとよいでしょう。この課題では、制作の技術力を観ているのではなく、指示をどこまで聴けていたか、道具の使い方や片づけなどから日常生活を窺っています。作業だけに集中するのではなく、使ったものはすぐに片づける、クレヨンが折れないように丁寧に扱うなども意識して、日々練習を重ねましょう。

【おすすめ問題集】
Ｊｒ・ウォッチャー23「切る・貼る・塗る」、24「絵画」

問題36　分野：模倣ダンス

〈準　備〉　音楽

〈問　題〉　この問題の絵はありません。
①流れている曲に合わせて、先生の踊りを見て覚えましょう。
②先生といっしょに踊りましょう。
③先生の見本無しで、曲に合わせて踊りましょう
。

〈時　間〉　適宜

〈解　答〉　省略

アドバイス

集団行動でよく見られるのは、周りの子に合わせてしまうということです。例えば初めに行う子が間違えてした場合、その後にする子もつられて間違ったままでしてしまうことがよくあります。また、前の子が恥ずかしそうにポーズをしていると、そのグループはみんな恥ずかしがってしまう傾向があります。出題者の指示をきちんと聞き、まわりに惑わされないで自信を持って出来るように声掛けをしましょう。このような問題では、取り組むときの姿勢、意欲、協調性、人の話を聞くなどが観点としてあげられます。ですから、上手、下手にこだわるのではなく、自分がすることに自信を持って、楽しみながら取り組むことを心がけてください。

【おすすめ問題集】
Ｊｒ・ウォッチャー28「運動」、29「行動観察」

2023年度の過去問題

問題37　分野：言語／常識

〈準備〉　クーピーペン（赤・青・黄・緑・黒）

〈問題〉　①上の段の左側を見てください。矢印のように言葉がつながるには、□に何を入れればよいでしょうか。右側から探して赤色で○をつけてください。
②名前の中に、同じ仲間の言葉が入っていない仲間外れものがあります。探して赤色で○をつけてください。

〈時間〉　各30秒

〈解答〉　①イス　②団子

[2023年度出題]

アドバイス

当校のペーパーテストでは、5色のクーピーペンを使用します。問題ごとに指定される色が異なるため、指示をしっかり聞いて、正しい色で解答するようにしましょう。色を間違えないためにも、指示があった後、すぐにその色のクーピーペンを手に持つことをおすすめいたします。クーピーペンを持っていなかったら、解答を考えている間に指示された色を忘れてしまうかもしれないからです。本問ですが、②の仲間外れは見つけることができましたか。ケーキ、チョコレート、ドーナツは、名前に長音（伸ばす音）が含まれるため、長音のない団子が仲間外れとなります。言葉の音の種類は、他にも撥音、濁音、半濁音、拗音、促音などがあります。言葉を覚える際に、このような音を意識して集めてみることも、語彙の獲得や理解に役立ちます。

【おすすめ問題集】
Ｊｒ・ウォッチャー17「言葉の音遊び」、18「いろいろな言葉」、49「しりとり」、60「言葉の音（おん）」

問題38　分野：記憶（聞く記憶）

〈準備〉　クーピーペン（赤・青・黄・緑・黒）

〈問題〉　今からお話をします。

上にはおひさま、その横には雲が2つ、おひさまの下にはチューリップ、その左には木がある絵を描きました。

・今のお話に合う絵を探して赤色で○をつけてください。

〈時間〉　10秒

〈解答〉　右上

[2023年度出題]

アドバイス

短いお話ですから、その場面を正確にイメージして解答するようにしましょう。お話に出てくる要素を思い浮かべるだけでなく、その情景を頭の中で描かなければ、位置関係や数を間違えてしまいます。４つの絵から選択する問題のため、保護者の方は、お子さまがきちんと記憶して解答しているのか、当てずっぽうで解答しているのかを見極めてください。もし、当てずっぽうで解答していたら、選択肢から解答を選ぶのではなく、実際にお話の絵を描かせてみることをおすすめいたしします。絵を描くには、正確な記憶が必要です。描けなかったとき、お子さまは記憶することの重要性を理解することができます。このような絵を描く練習で、問題を解くのに必要なイメージ力は鍛えられます。

【おすすめ問題集】
Ｊｒ・ウォッチャー20「見る記憶・聴く記憶」

問題39　分野：お話の記憶

〈準備〉　クーピーペン（赤・青・黄・緑・黒）

〈問題〉　今からお話をします。終わったらあとの質問に答えてください。

今日は日曜日でみんながお休みだというのに、朝から雨が降っていて外で遊ぶことができません。りょうたくんは家の中での遊びを考えています。初めはプラレールで遊ぼうと思い、箱からプラレールの遊び道具を出してきました。線路をつないでいるとお父さんと弟のこうたくんが来て、「りょうたくん、お父さんとこうたくんも一緒に遊んでもいいかな」と言いました。初めはお父さんだけならいいけど、こうたくんは小さくて遊び方が分からないのでいやだなと思いましたが、「いいよ」と言いました。お父さんがつないだ線路はとても面白く、今度からこのようにつなごうと思いました。弟のこうたくんは、邪魔することなくお父さんがこうたくんのためにつないだ線路で夢中になって遊んでいたからです。しばらく遊んでから、今度はドミノ倒しをしましたが、こうたくんがすぐに倒してしまうのでやめました。おやつを食べてからパズルをやりました。パズルの絵が完成すると見事な機関車が見られます。これはりょうたくんだけでやり始めました。まもなく完成すると思ってワクワクしながらやっていたところへ、こうたくんが来て「あっ、機関車だ」といって機関車を取ろうとして崩してしまいました。時間をかけて楽しみに作っていたりょうたくんはショックでしょんぼりしました。しょんぼりしていると、お父さんに「雨が止んだから、散歩でもしようか」と誘われました。公園に行ってみると雨が降った後で、遊具は滑って危険だし、砂場は濡れていて使えませんでした。「ブランコは大丈夫だよ。」と先に来ていたお友だちが教えてくれたので、ブランコで遊びました。お父さんとこうたくんは公園を走り回っていました。

（問題39－１、39－２の絵を渡す）
①今日の朝のお天気はどのような天気でしたか。赤色で○をつけてください。
②りょうたくんが家で二番目に遊んだものは何でしたか。赤色で○をつけてください。
③りょうたくんが公園で遊んだものに赤い色で○をつけてください。
④りょうたくんの作っていたパズルはどれですか。赤色で○をつけてください。
⑤こうたくんにパズルを壊されたときのりょうたくんの顔はどんな顔だったと思いますか。その顔に赤色で○をつけてください。

〈時間〉　各15秒

〈解答〉　①右端　②右端　③右から二番目　④左から二番目　⑤左端

［2023年度出題］

アドバイス

「お話の記憶」の問題を解くには、記憶力は勿論、語彙力、集中力、理解力、想像力の力が必要になります。「お話の記憶」の問題を解く方法として、お話全体をイメージ化し、後から振り返ります。そのためには、お話をしっかりと聴き、記憶しなければなりません。保護者の方は、お子さまに状況を作ってあげるとよいでしょう。例えば、お話を読む前に「今日の朝ご飯は何を食べた？」「朝ご飯を食べた後は何をした？」など、お子さまがしたことを質問します。質問されたお子さまは、朝したことを頭の中で思い出しながら答えます。この質問をしたあと、「今からお話を読むから、今と同じように頭の中にお話を思い描いてみて」と声をかけてからお話を読み始めます。「今と同じように」と言われることで、お子さまは、朝ご飯を思い浮かべたときと同じように頭の中で思い出しながらお話をイメージ化しようとします。この学習は効果が上がりますので、試してください。

【おすすめ問題集】
1話５分の読み聞かせお話集①・②、お話の記憶　初級編・中級編、
Ｊｒ・ウォッチャー12「日常生活」、19「お話の記憶」

問題40　分野：数量（数の違い）

〈準備〉　クーピーペン（赤・青・黄・緑・黒）

〈問題〉　上と下の２つの絵で、どちらがいくつ余るでしょうか。余る方の絵に余る数だけ右側に緑色で○を書いてください。

〈時間〉　30秒

〈解答〉　①チューリップに○３つ　②皿に○１つ

［2023年度出題］

アドバイス

この問題は、基本的な数量概念があるかどうかを観ているものです。数える数も多くないため、難易度は高くありません。ですから、解答時間も短く設定されているものと思われます。数を数える際は、２つの絵でペアをつくり、チェックをつけていく方法をおすすめいたします。例えば、①では花瓶１つとチューリップ１本を１ペアとして考え、ペアができたらチェックをつけて消していきます。すると、数が多い方が余り、その絵にはチェックがつきません。このチェックがつかなかった絵が答えになります。また、解答する際は、○の書き方にも注意が必要です。「余る方の絵に余る数だけ○を書く」とありますから、間違って、「足りない方に足りない数だけ○を書く」ということをしないよう気をつけましょう。

【おすすめ問題集】
Ｊｒ・ウォッチャー14「数える」、38「たし算・ひき算１」、
39「たし算・ひき算２」

問題41　分野：図形（積み木）

〈準備〉　クーピーペン（赤・青・黄・緑・黒）

〈問題〉　下に積んである積み木をある方向から見ると、上の形に見えました。下のどの積み木を見たのでしょうか。その積み木に青色で○をつけてください。

〈時間〉　20秒

〈解答〉　右端

［2023年度出題］

アドバイス

積み木をどこから見たのか教えられていないため、下の４つの選択肢の中から、お手本のように見える方向を探さなければいけません。お子さまがイメージすることが難しい場合は、実際に積み木を使って確かめてみることをおすすめいたします。積み木をいくつ使うと同じ形になるのか、それぞれの方向から見るとどのように違って見えるのか、立体が平面に見えるにはどこから見ればよいのか、積まれた積み木が他の積み木で隠れて見えなくなることはあるのかなどを確認しましょう。このとき、保護者の方は、お子さまがたくさんの発見を得られるように、道筋をさりげなく示してあげることが役目になります。ですから、お子さまが観察している様子を見守るだけにし、答えを教えないようにしましょう。質問を投げかけ、お子さまが思考する機会を設けることが大切です。

【おすすめ問題集】

Ｊｒ・ウォッチャー16「積み木」

問題42　分野：図形（回転図形）

〈準備〉　クーピーペン（赤・青・黄・緑・黒）

〈問題〉　左側の形を矢印の方へ１回倒したとき、中の模様はどうなるでしょうか。右側から探して青色で○を付けてください。

〈時間〉　各20秒

〈解答〉　①右から二番目　②左から二番目　③左端　④右端

［2023年度出題］

家庭学習のコツ②　「家庭学習ガイド」はママの味方！

問題演習を始める前に、試験の概要をまとめた「家庭学習ガイド（本書カラーページに掲載）」を読みましょう。「家庭学習ガイド」には、応募者数や試験課目の詳細のほか、学習を進める上で重要な情報が掲載されています。それらの情報で入試の傾向をつかみ、学習の方針を立ててから、対策学習を始めてください。

アドバイス

回転図形の考え方は、まず、矢印の方向に１回転した場合、どの辺が下になるかを考えます。左側の基準の形の底辺が、回転することにより変わっていくことの理解が必要です。折り紙などを使い、４つの辺を色別に塗って、回転していくときの様子を実際に確認していきましょう。回転した後、底辺が変わると、中の模様や線の位置も追随して変化したように見えていきますので、各辺の方向を考えながら理論立てて理解することができるよう、簡単な問題から取り組んでいくことをおすすめいたします。すぐに解答が見つからない場合は、４つの選択肢があるので、消去法で考えることもできます。例えば、④では右側の選択肢の中で、左端と左から２番目の形の中の線が、左側の基準の形と比べて１本少ないです。回転を考える前に選択肢を消すと、ミスも減り、時間短縮にもなります。

【おすすめ問題集】
Ｊｒ・ウォッチャー５「回転・展開」、46「回転図形」、47「座標の移動」

問題43　分野：図形（展開・重ね図形）

〈準 備〉　クーピーペン（赤・青・黄・緑・黒）

〈問 題〉　透明の紙に書かれた左側の形を、真ん中の点線のところで右の方へ折って重ねます。重ねたときにできる模様を、右側の形に緑色で書いてください。

〈時 間〉　１分

〈解 答〉　下図参照

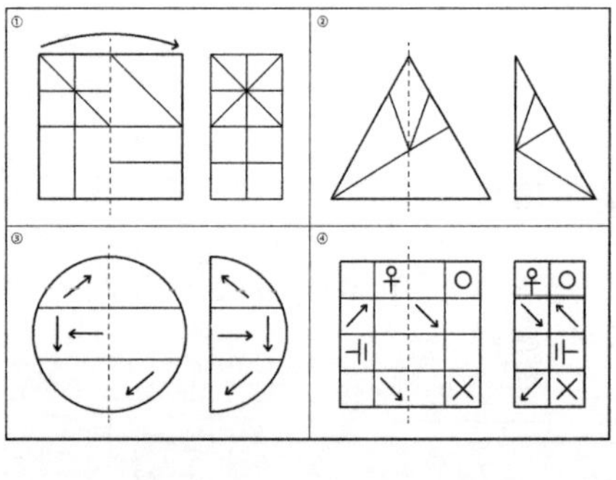

［2023年度出題］

アドバイス

折って重ねるため、点線より左側の形の位置が左右逆になります。このような問題は、実際に紙やクリアファイルに絵を書いて、折る作業してみると、絵の位置関係や反転したときの見た目が理解しやすくなります。また、点線に合わせて鏡を立て、反転した見た目を確認する方法もあります。お子さまが理解しやすい方法で観察しながら、重なり方を落ち着いて確かめていきましょう。このような問題に苦手意識を持たれているお子さまには、まず具体物を使って位置関係を把握させることから始めます。それが理解できたら、頭の中で図形をイメージする段階に移行します。

【おすすめ問題集】
Ｊｒ・ウォッチャー35「重ね図形」

問題44　分野：系列

〈準 備〉　クーピーペン（赤・青・黄・緑・黒）

〈問 題〉　ここに並んでいる模様は、約束に従って並んでいます。何も書かれていないところにはどの模様が入るでしょうか。空いているところにその形を赤色で書いてください。

〈時 間〉　40秒

〈解 答〉　下図参照

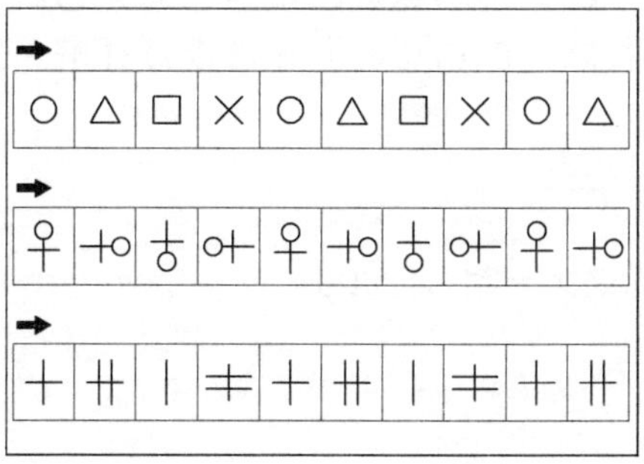

［2023年度出題］

アドバイス

系列を完成させるには、どのような約束事で絵が並んでいるかを左右の配列から推理・思考することが必要です。はじめのうちは声に出してみるのも１つの方法です。上段の問題であれば、「丸、（　）、四角、バツ、丸、三角、（　）、（　）、丸、三角」と言葉にすることで、並び方が整理でき、また、リズムや音によって規則性がつかみやすくなります。実際の試験では声を出すことはできません。ですからこの方法は、あくまでも慣れないうちの練習と考えてください。慣れてきたら、声に出すのではなく、頭の中で行うようにしましょう。また、記号を描くときは正確に書くようにしましょう。ポイントとしては、頂点のある形は、頂点をしっかりと書くよう指導してください。採点者が一目でわかるような解答を意識しましょう。

【おすすめ問題集】
Ｊｒ・ウォッチャー６「系列」

問題45　分野：常識（日常生活）

〈準 備〉　クーピーペン（赤・青・黄・緑・黒）

〈問 題〉　①右側に棚があり注意をして歩くように言われました。注意を守って歩いている人に青色で○をつけてください。
②正しいハサミの持ち方をしているのはどれでしょうか。青色で○をつけてください。

〈時 間〉　各15秒

〈解 答〉　①左端　②右から二番目

［2023年度出題］

アドバイス

常識問題は、お子さまの知識を観ているのではなく、保護者の方のしつけが観られているということをしっかりと認識しておいてください。もし、保護者の方が正しい行動をしていなかったら、お子さまは正解に○をつけることができないでしょう。そうした日常生活の積み重ねがお子さまの解答として表れてきます。小学校に入学すれば、集団生活が始まります。周りに迷惑をかける振る舞いや、危険な行為は、小学校受験において大きなマイナス評価となるのはもちろん、今後の集団生活にも影響してきます。日常生活で、もし、お子さまが間違ったことをしてしまった際は、ただ叱るのではなく、「どうしてそうしたのか」理由を聞きましょう。その理由が、子どもの感覚だと正当と考えられることもあるかもしれません。もし、考え方に誤りがあれば、きちんとお子さまが理解・納得できるよう、大人が説明する必要があります。

【おすすめ問題集】

Ｊｒ・ウォッチャー30「生活習慣」、56「マナーとルール」

問題46　分野：推理（積み木の積み方）

〈準備〉　クーピーペン（赤・青・黄・緑・黒）

〈問題〉　上の絵を見てください。この積み木を空気砲で打って倒します。上の絵の積み木より倒れにくいものを下から探して緑色で○をつけてください。

〈時間〉　15秒

〈解答〉　上段左端

［2023年度出題］

アドバイス

倒れるか否かは、空気砲の空気の勢いや、積み木の材質にもよりますが、本問では、基準の積み木が空気砲で倒れるという設定になっているため、積み木の積み方のみを考慮して、倒れにくいものを選びます。倒れにくいということは、安定した積み方をしているということです。まず、空気を直接受けない積み木の数を考えます。基準の積み木は空気を直接受けない積み木が４つあります。下の選択肢を見てみると、上段左端は６つ、上段中央は２つ、上段右端は４つ、下段左端は０、下段右端は４つです。空気を直接受けない積み木が多いほど、積み木は後ろから支えられ、安定します。次に、積み木の高さを考えます。積み木に限らず、ものは高く積むほど不安定になります。例えば、地震があったとき、高い建物の高層階ほど大きく長く揺れます。つまり、低く積んだ積み木の方が安定しているということです。よって、２つの観点から考えた結果、正解は上段左端の積み木と判断できます。

【おすすめ問題集】

Ｊｒ・ウォッチャー31「推理思考」

問題47　分野：常識

〈準備〉　クーピーペン（赤・青・黄・緑・黒）

〈問題〉　赤ちゃんが寝ているそばで遊ぶときは、どのようにして遊ぶのがよいでしょうか。よいと思われる絵に青色で○をつけてください。

〈時間〉　10秒

〈解答〉　本を読んでいる、お絵描きをしている

［2023年度出題］

アドバイス

ここ数年、コロナ禍の生活を余儀なくされたお子さまは、外出や人と交流する機会が減ったと思います。このことは、生活体験が少ないということでもあり、近年、常識問題は入試において差がつきやすい分野の１つとなっています。答え合わせをする前に、問題に描かれている人、１人ひとりについて、よいのか悪いのかを確認し、悪い場合は、なぜ悪いのかという理由と、どのようにすればよいのかまで確認することをおすすめします。また、「このような人を見かけたらどうする？」と質問すれば、面接や口頭試問の対策にもなりますので、取り入れてみてはいかがでしょう。

【おすすめ問題集】

Ｊｒ・ウォッチャー12「日常生活」、56「マナーとルール」

問題48　分野：常識（断面図）

〈準備〉　クーピーペン（赤・青・黄・緑・黒）

〈問題〉　上に描いてある物を点線で切ったときどのような形になっているでしょうか。下から探して青い色で線を引いて結んでください。

〈時間〉　20秒

〈解答〉　下図参照

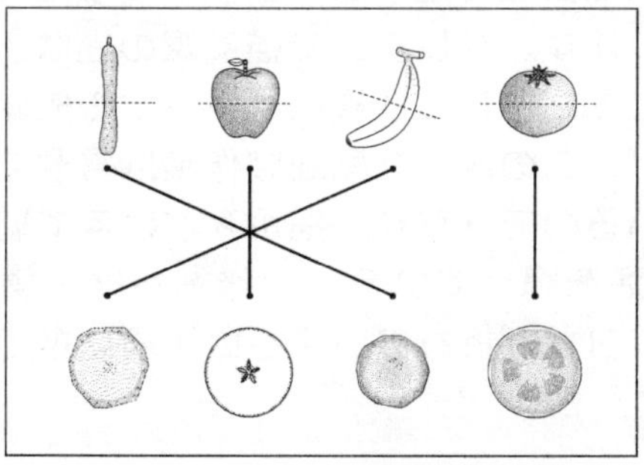

［2023年度出題］

アドバイス

この問題を言葉で説明しようとしても、なかなかお子さまの理解は得られないでしょう。ですから、口で説明するよりも、実際にお子さま自身に切らせて、どうなっているかを確認することをおすすめいたします。ただ、お子さまに切らせる前に、どうなっているのかを考えさせるとよいです。また、横だけでなく、縦に切ったときにはどうなるのかもやってみると知識が増えます。お料理のお手伝いをしてもらいながら、しりとりや、仲間集めなどをするのもおすすめです。昨今、この食べ物の断面の問題は、さまざまな学校でも出題されてますが、ほとんどの学校では、縦か横に切ったときの断面を問題にしています。では、斜めに切るとどうなるでしょう。そのような質問をお子さまに投げかけ、お子さまの興味を刺激してみてはいかがでしょう。学力を伸ばすには、興味や関心を刺激してあげることも大切です。興味や関心を持てば、お子さまは能動的に知識を求めると思います。保護者の方はお子さまがそうなるような環境作りを心がけてください。

【おすすめ問題集】
Ｊｒ・ウォッチャー27「理科」、55「理科②」

問題49　分野：制作（巧緻性）

〈準備〉　７色のクレヨン

〈問題〉　（あらかじめ問題49-1の絵を塗っておく。問題49-２の絵を渡す）
ここにある見本と同じように色を塗ってください。

〈時間〉　10分

〈解答〉　省略

［2023年度出題］

アドバイス

塗り絵という、遊びのような楽しい作業に感じますが、明確な指示があるため、お手本通りの正しい配色で塗るようにしましょう。また、色使いだけでなく、丁寧に塗ることも意識して取り組みましょう。黒い枠線を大幅にはみ出さないようにするためには、クレヨンの先端の動かし方に気を使う必要があります。クレヨンで描く線の幅は、鉛筆やペンより太くなります。黒い枠線の近くを塗るときは、特に慎重にクレヨンの先端を動かしましょう。普段から、文房具を使っているほど、このような繊細な作業は得意になっていきます。この課題では、制作の技術力を観ているのではなく、指示をどこまで聴けていたか、道具の使い方や片づけなどから、日常生活を窺っています。作業だけに集中するのではなく、使ったものはすぐに片づける、クレヨンが折れないように丁寧に扱うなども意識して、日々練習を重ねましょう。

【おすすめ問題集】
Ｊｒ.ウォッチャー24「絵画」、実践　ゆびさきトレーニング①②③

問題50　分野：行動観察

〈準 備〉　椅子（数脚）

〈問 題〉　この問題の絵はありません。

フルーツバスケットをします。1人ずつ果物を割り当てます。鬼の役目の1名を決めます。鬼以外は円状に配置された椅子に座り、鬼は真ん中に立ちます。鬼が果物の名前を言ったら、言われた果物の人は立って別の椅子に座ります。鬼も同じように座ります。座れなかった人は次の鬼になります。

〈時 間〉　適宜

〈解 答〉　省略

[2023年度出題]

アドバイス

お子さまのお友だちとの接し方を観ることで、入学後の集団生活への適性を見極める課題です。ルールを理解した上でそれを守れているか、お友だちと楽しく遊べているか、課題に意欲的に取り組んでいるか、などが重要になってきます。保護者の方は、お子さまの普段のお友だちとの接し方をチェックしてみてください。気になることがあった際には、頭ごなしに「ああしなさい、こうしなさい」と言うのではなく、お子さまの考えに耳を傾けた上で「こうしたらどうかな」「〇〇さん（お友だちの名前）は、こう思うんじゃないかな」など、他者への想像力を育むようなアドバイスを心がけてください。また、楽しく遊ぶことの他に、道具を丁寧に扱うことや、危険な振る舞いをしないことも意識して試験に臨みましょう。フルーツバスケットでは、椅子に囲まれた狭い範囲を走ることになるため、勝負に気を取られすぎて、椅子やお友だちとぶつかってケガをしないよう、周囲をよく見て行動することが求められます。

【おすすめ問題集】

Ｊｒ．ウォッチャー28「運動」、29「行動観察」

家庭学習のコツ③　効果的な学習方法～問題集を通読する

過去問題集を始めるにあたり、いきなり問題に取り組んではいませんか？　それでは本書を有効活用しているとは言えません。まず、保護者の方が、すべてを一通り読み、当校の傾向、ポイント、問題のアドバイスを頭に入れてください。そうすることにより、保護者の方の指導力がアップします。また、日常生活のさまざまなことから、保護者の方自身が「作問」することができるようになっていきます。

☆追手門学院小学校

問題２

①

②

③

④

⑤

⑥

無断複製／転載を禁ずる

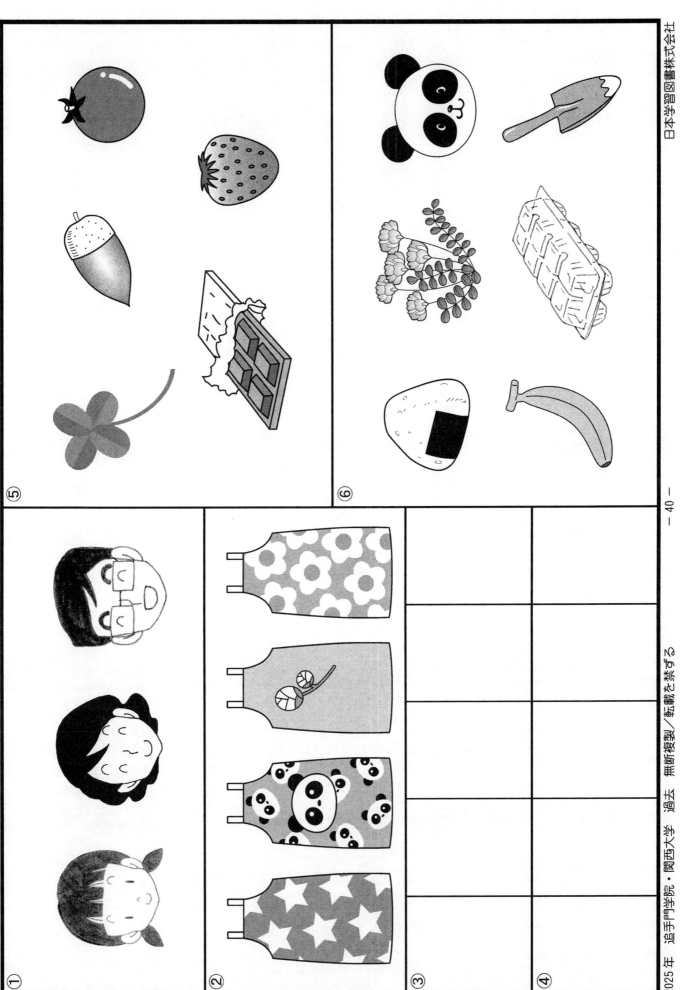

問題 3

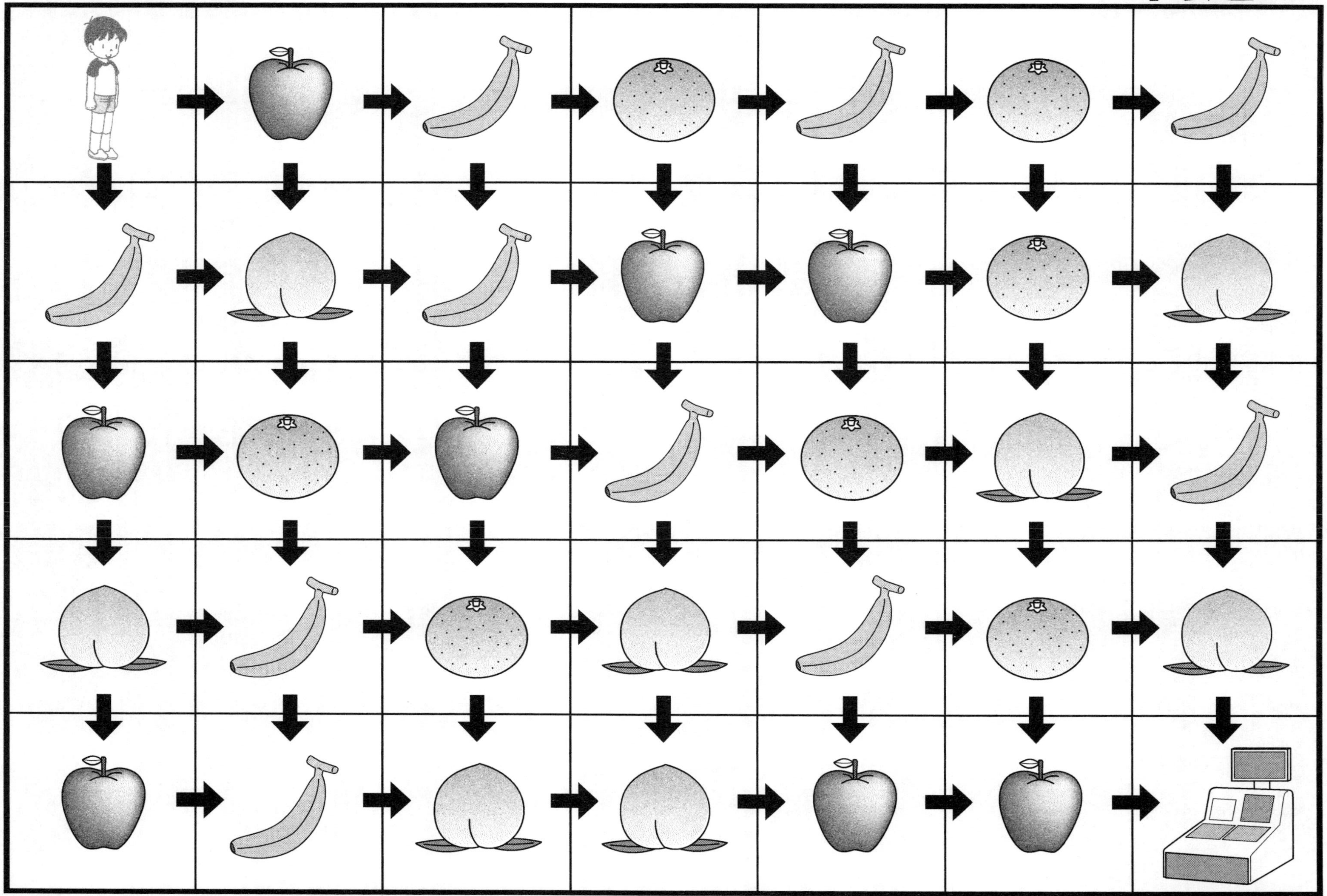

無断複製／転載を禁ずる

日本学習図書株式会社

問題４

☆追手門学院小学校

①②

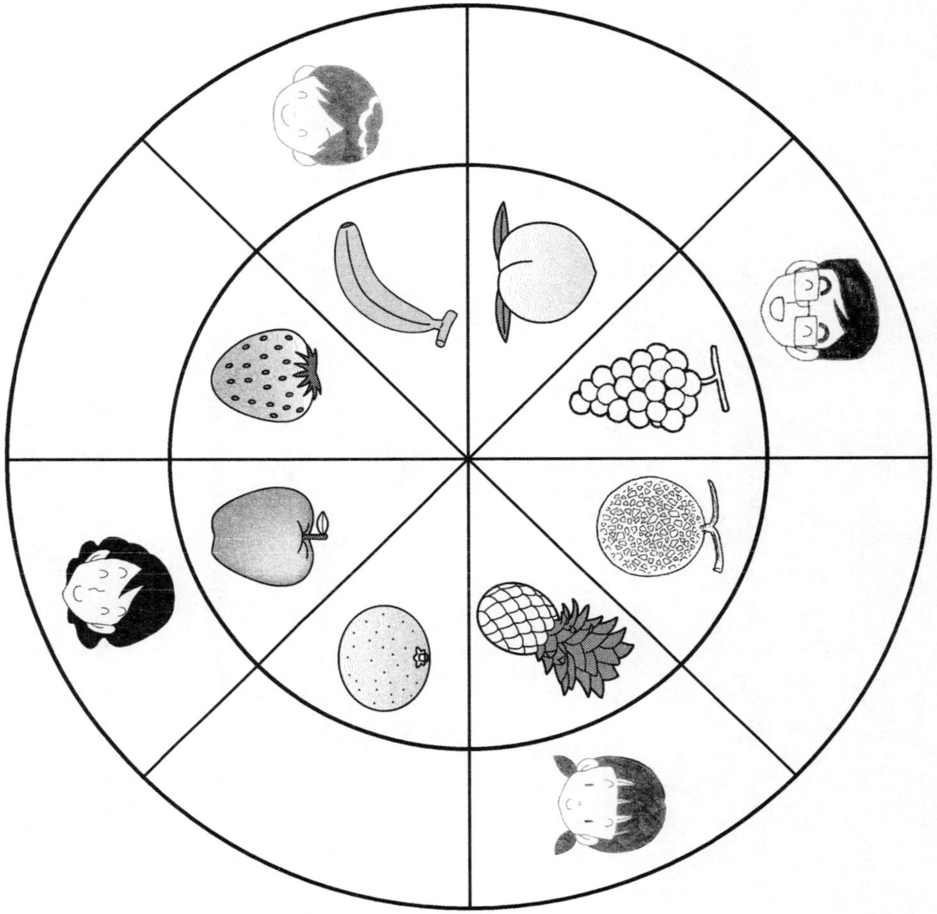

③

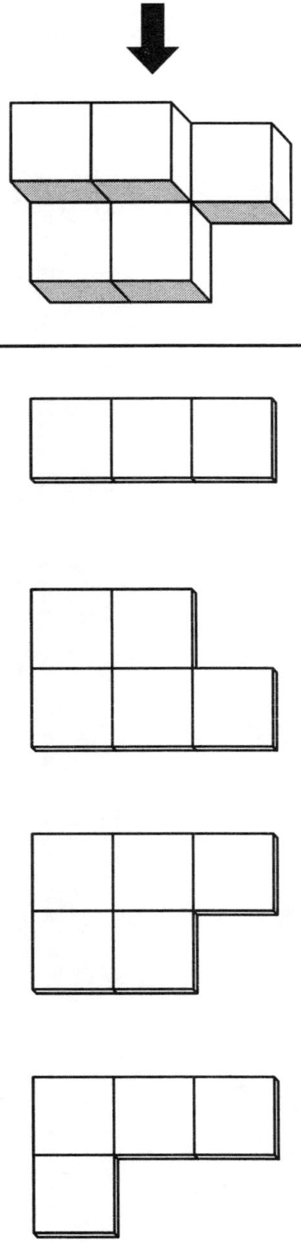

④

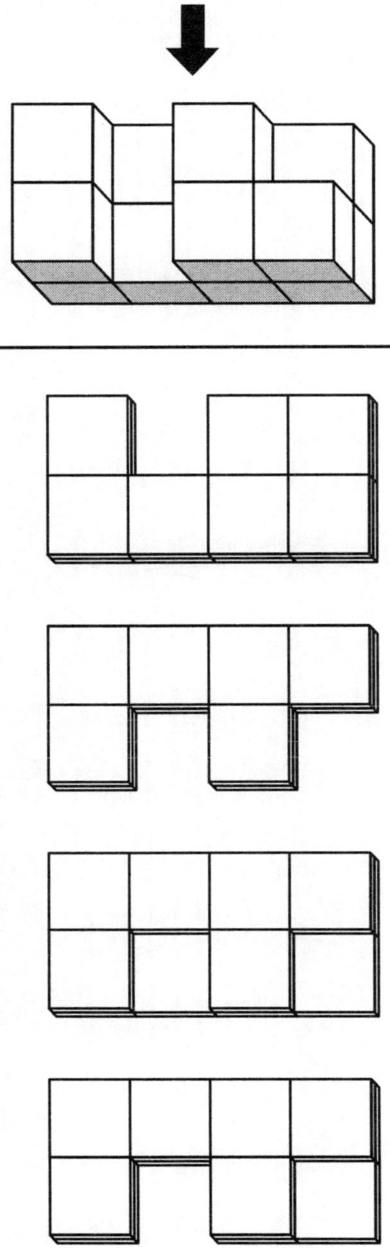

無断複製／転載を禁ずる

日本学習図書株式会社

☆追手門学院小学校

問題５－１

①

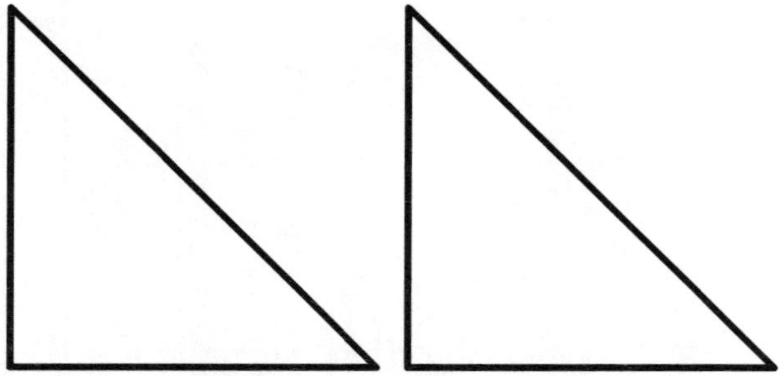

②

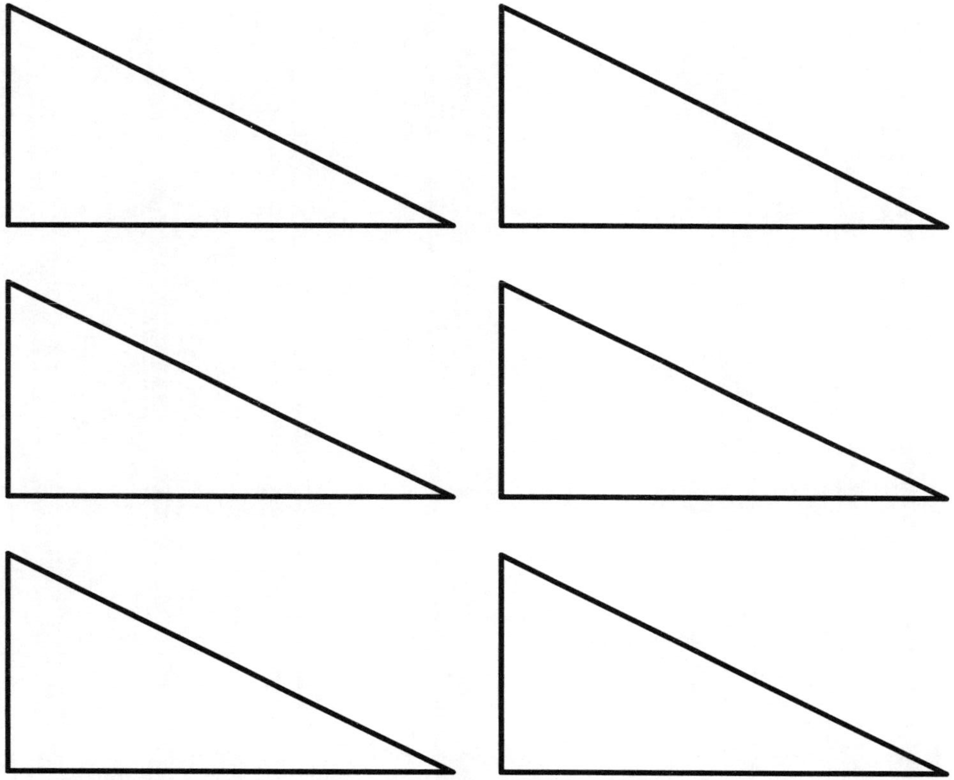

③

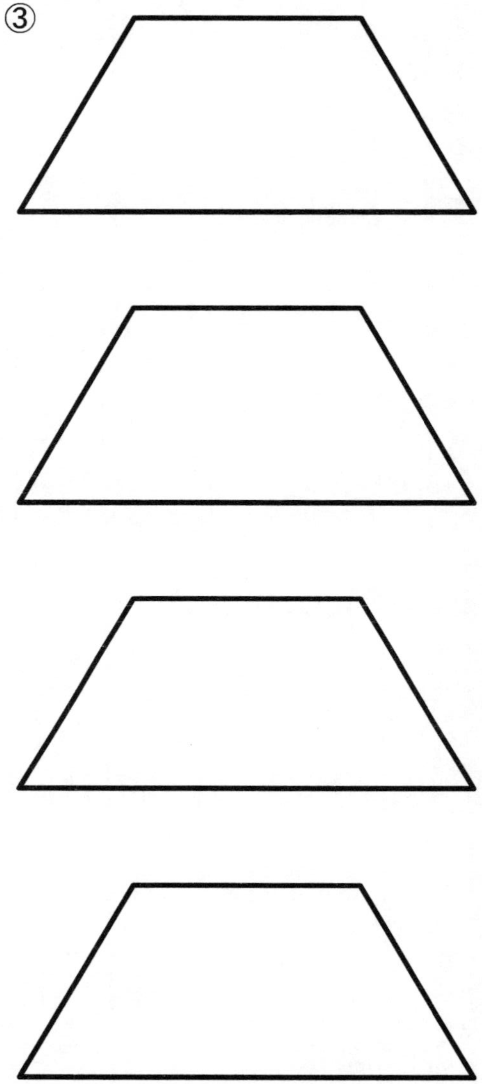

2025年　追手門学院・関西大学　過去　無断複製／転載を禁ずる

日本学習図書株式会社

☆追手門学院小学校

問題5－2

①

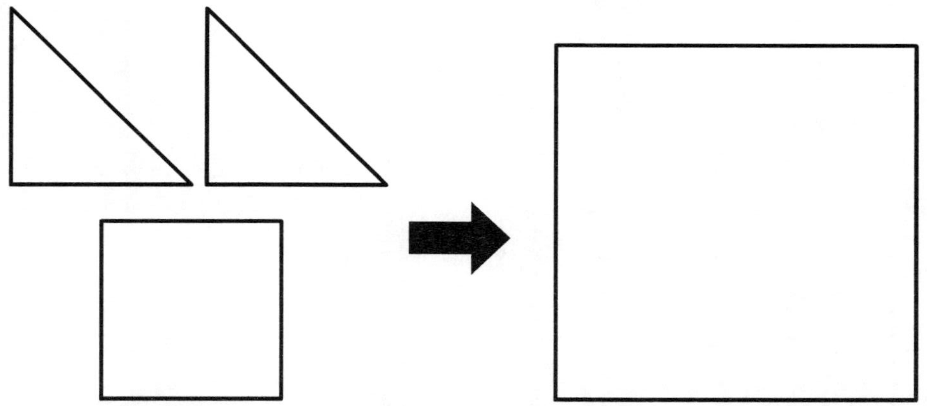

②

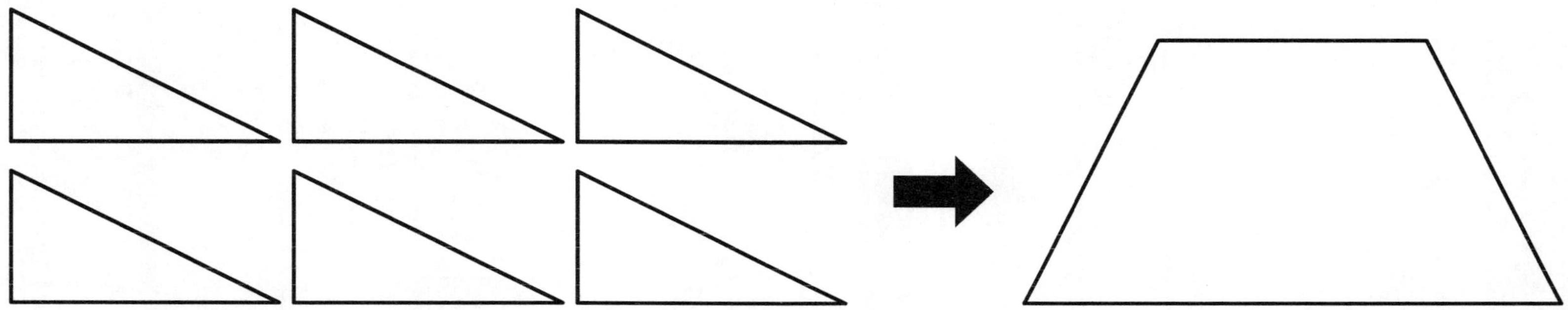

③

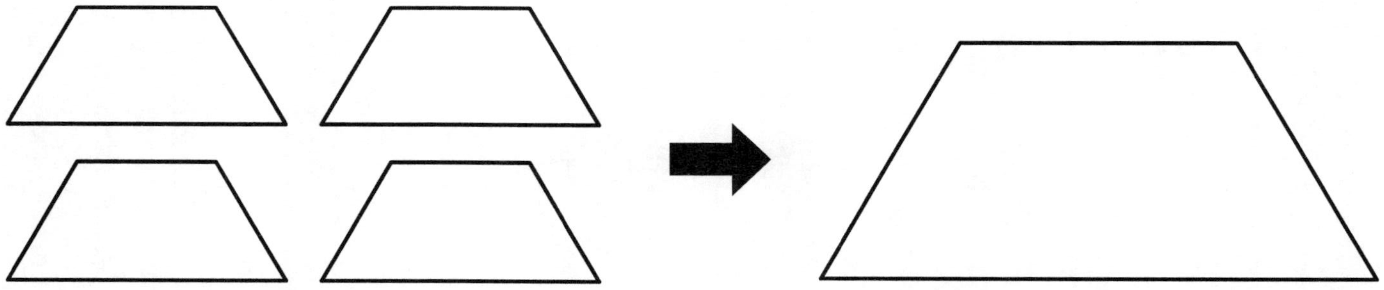

　無断複製／転載を禁ずる

日本学習図書株式会社

☆追手門学院小学校

2025 年　追手門学院・関西大学　過去　無断複製／転載を禁ずる　　日本学習図書株式会社

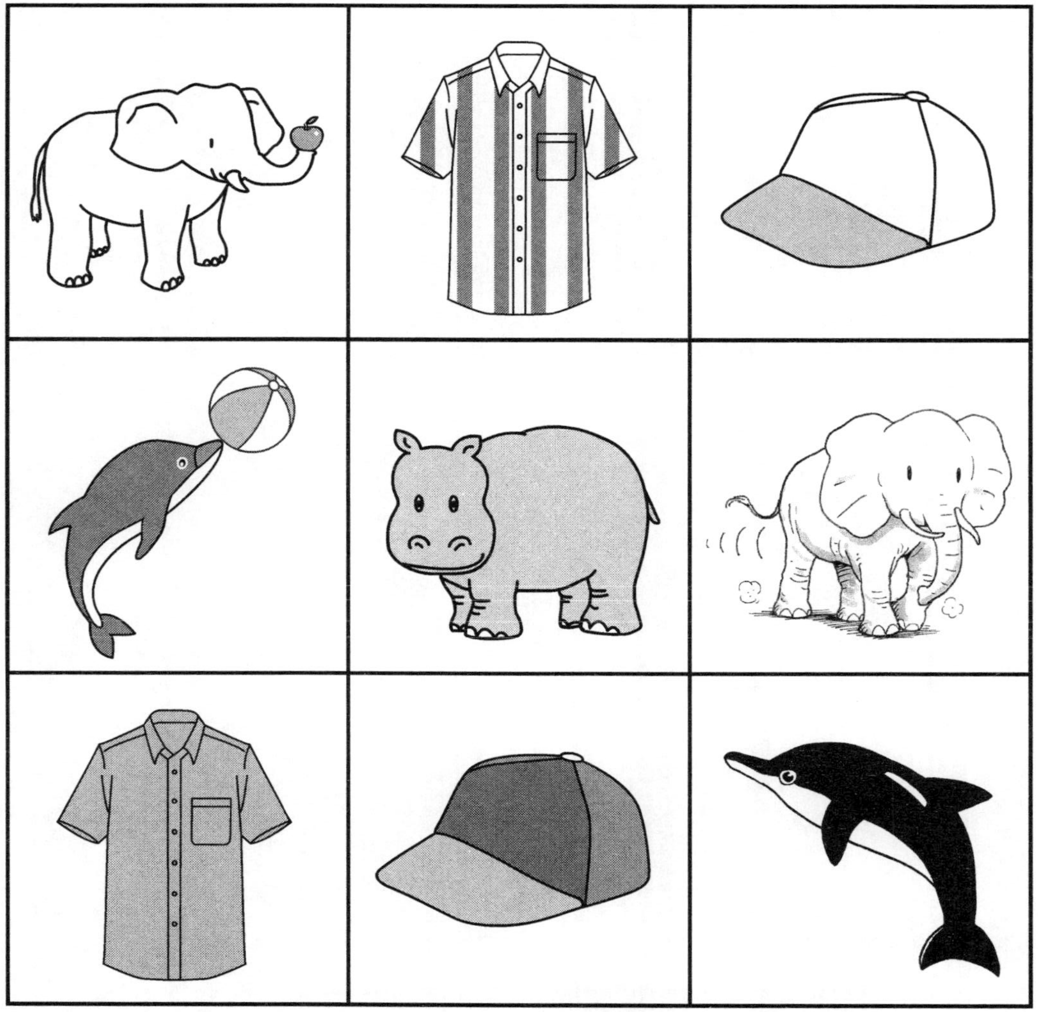

問題6－2

①

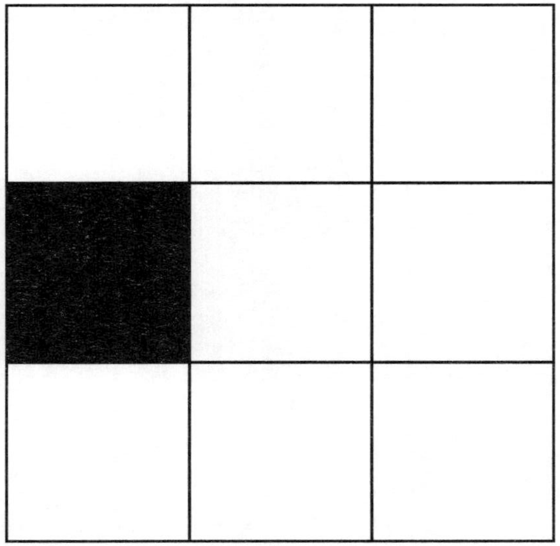

②

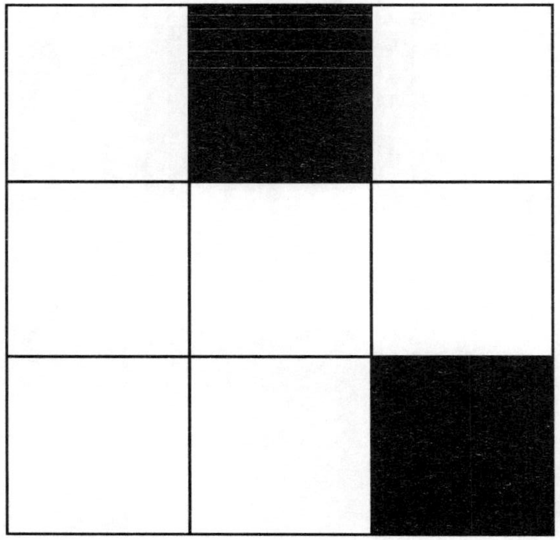

無断複製／転載を禁ずる

日本学習図書株式会社

問題7

①

②

③

2025年 追手門学院・関西大学 過去 無断複製/転載を禁ずる

日本学習図書株式会社

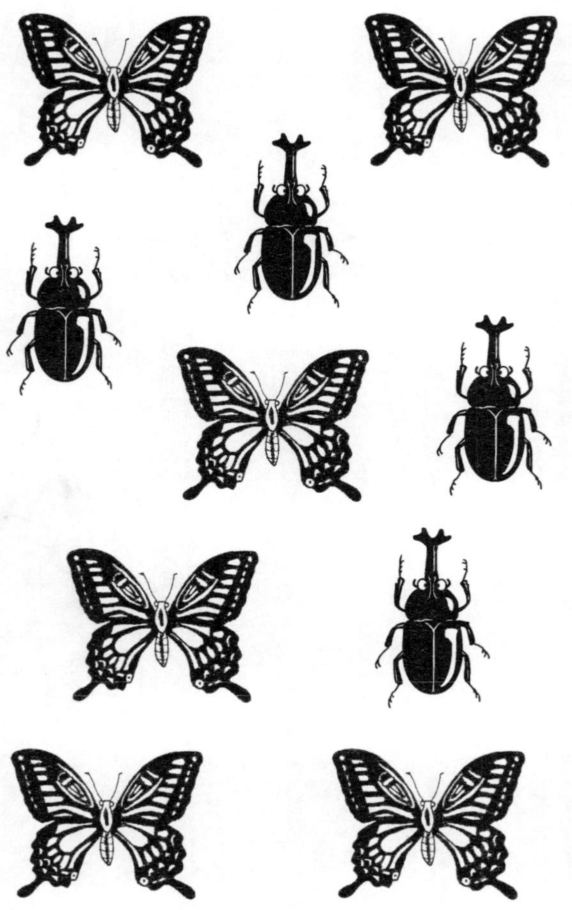

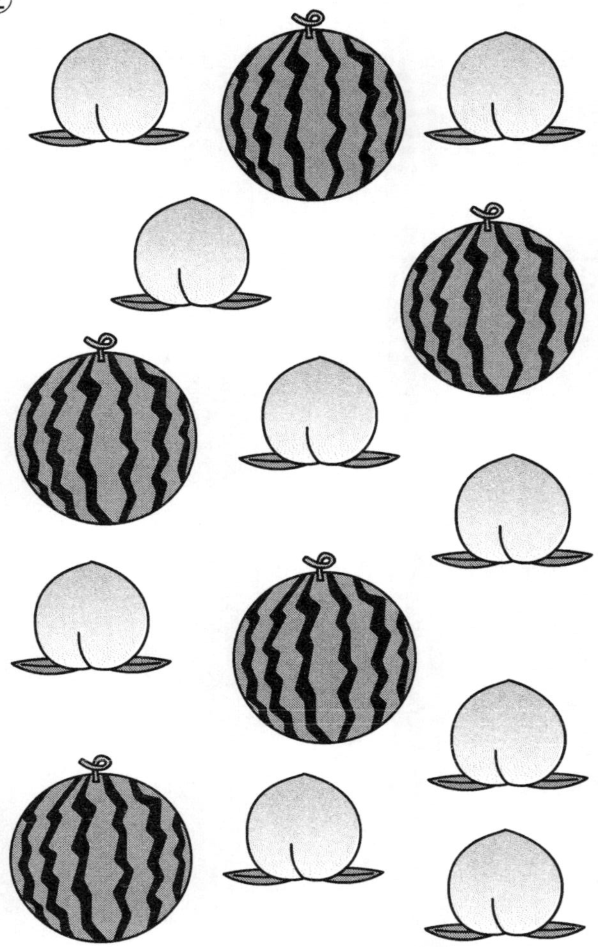

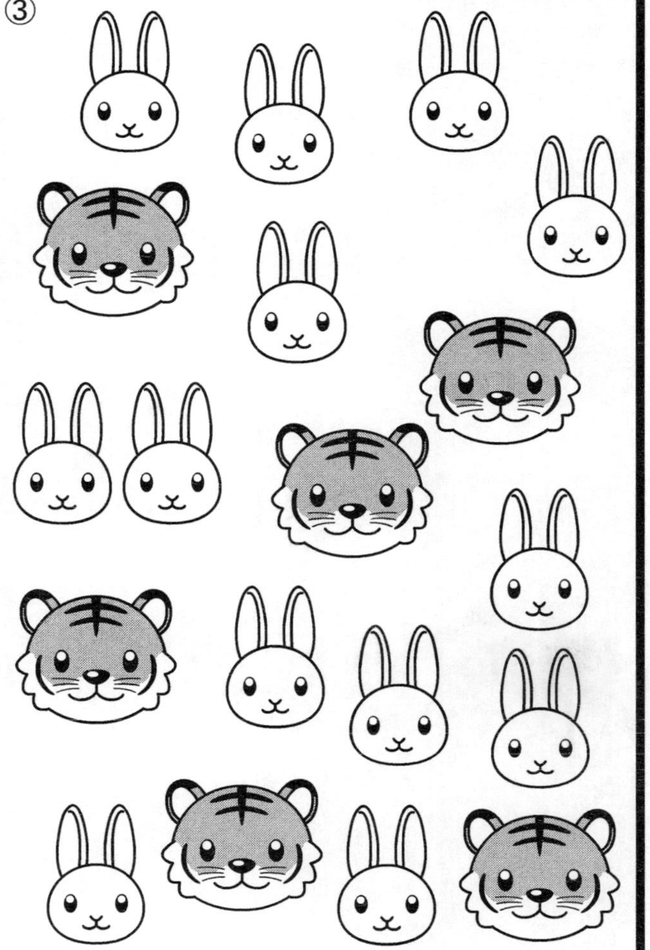

日本学習図書株式会社

2025年 追手門学院・関西大学 過去 無断複製／転載を禁ずる

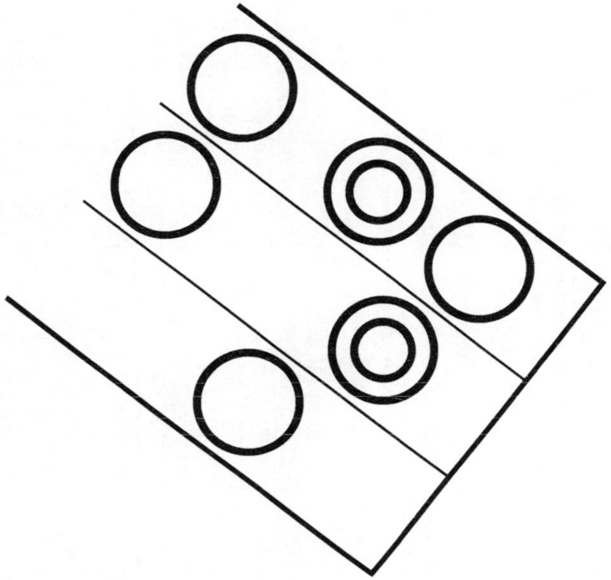

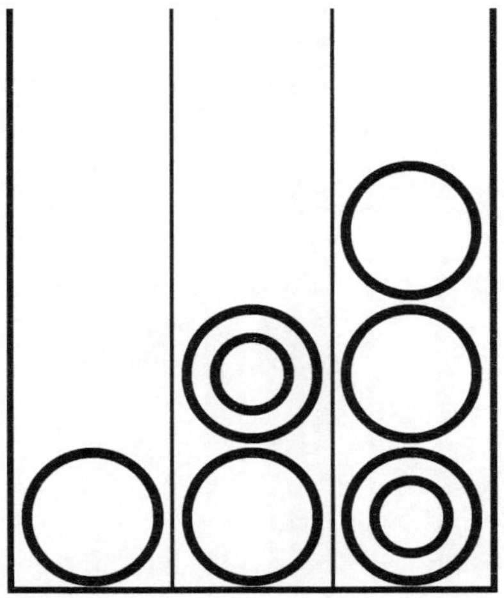

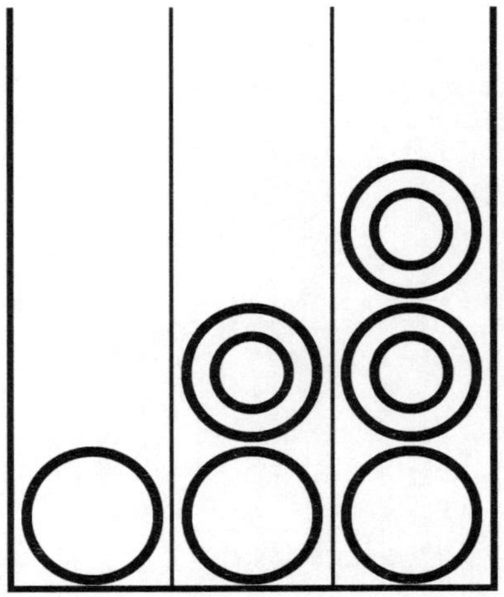

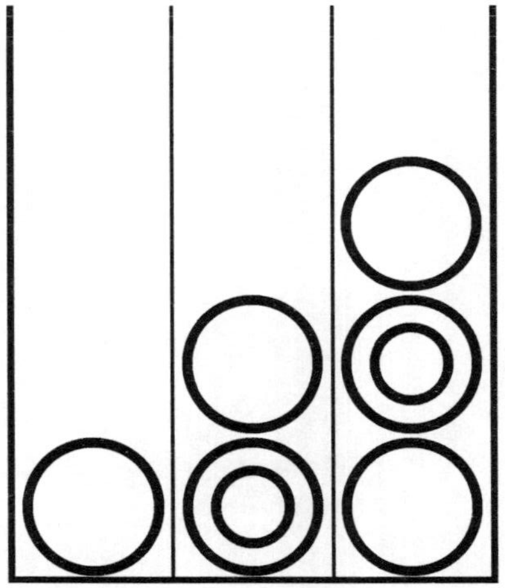

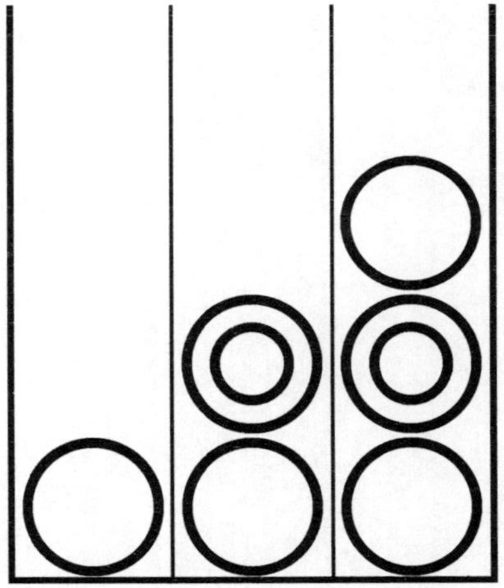

問題 *9*

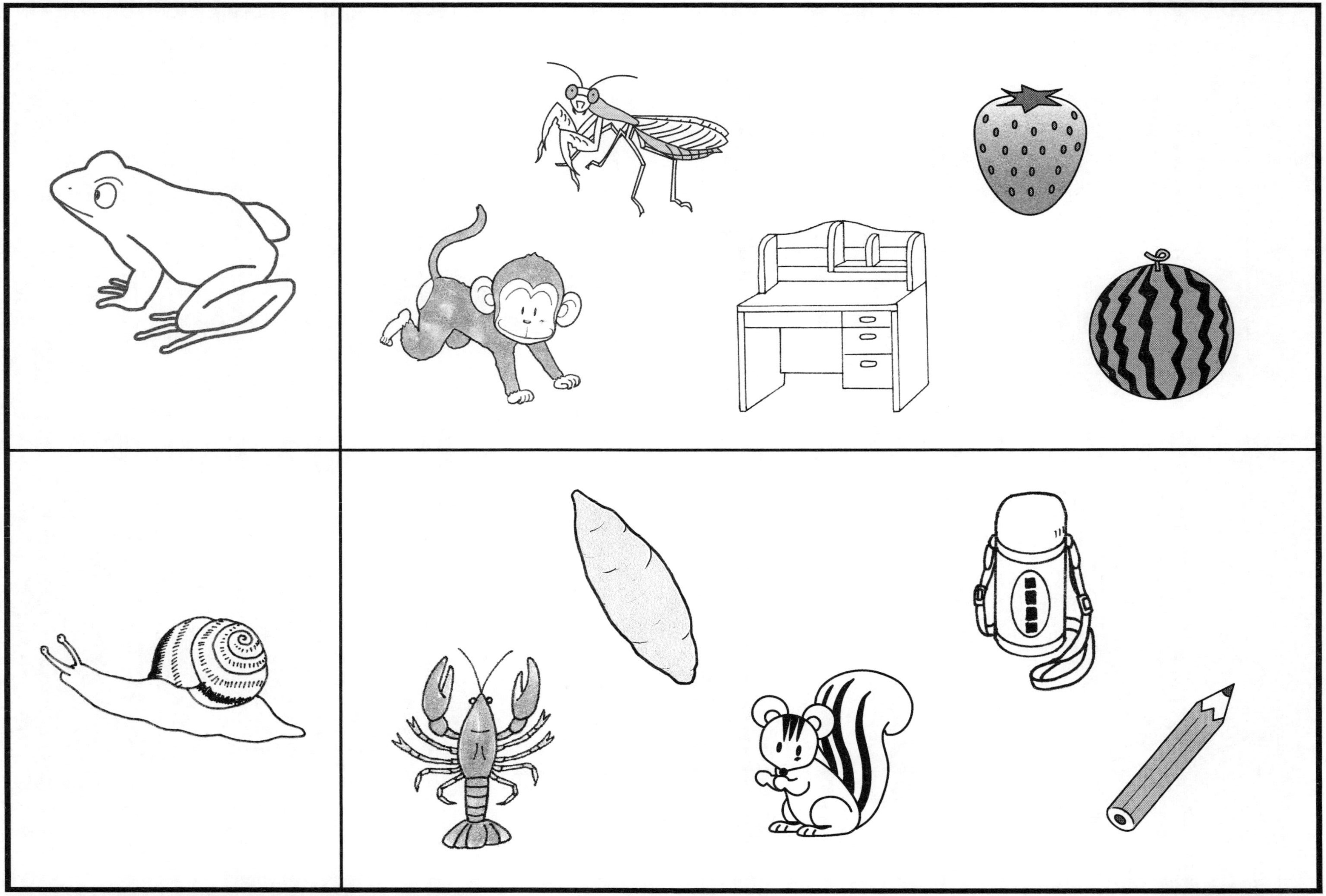

問題１３

①

③

②

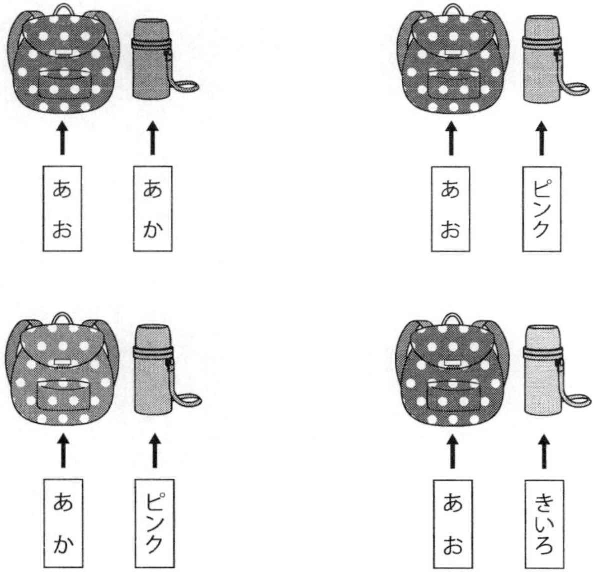

④

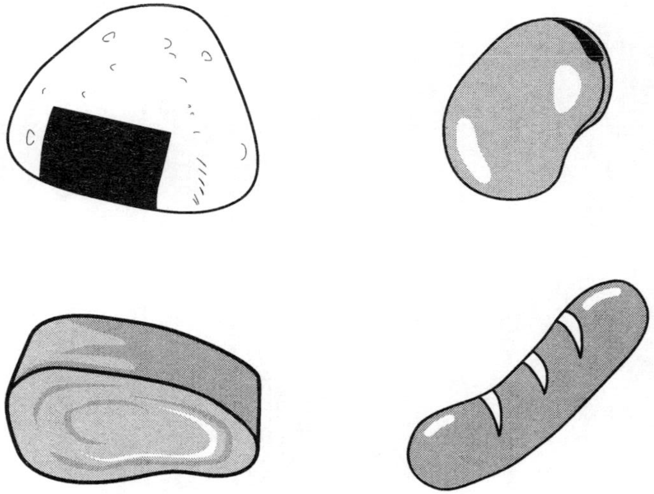

問題14−1

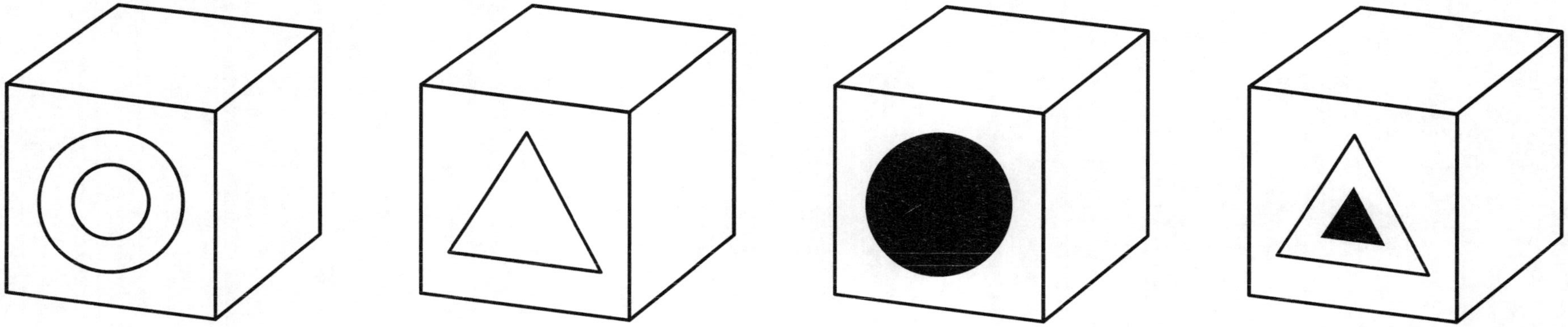

☆追手門学院小学校

2025年 追手門学院・関西大学 過去 無断複製／転載を禁ずる　　日本学習図書株式会社

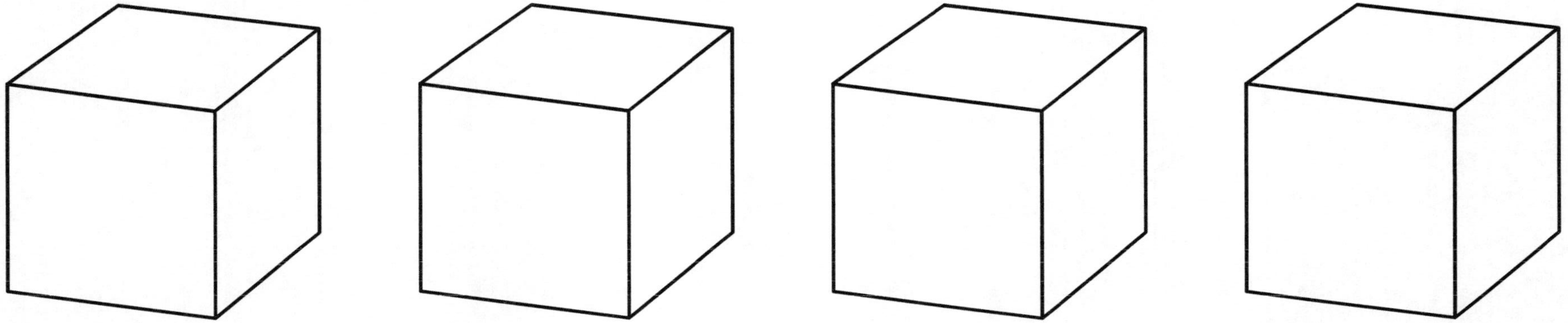

☆追手門学院小学校

問題１５

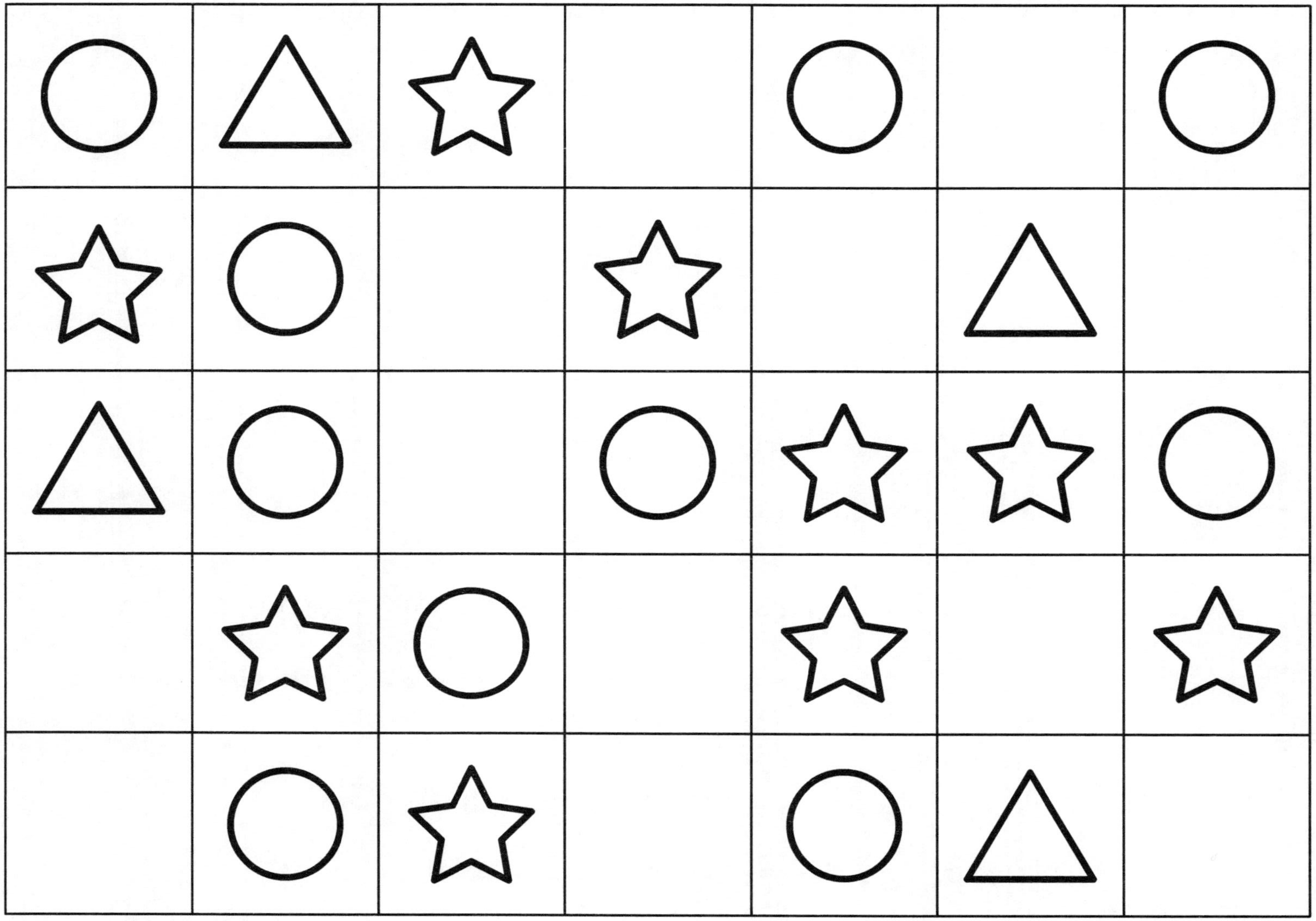

問題16

①

②

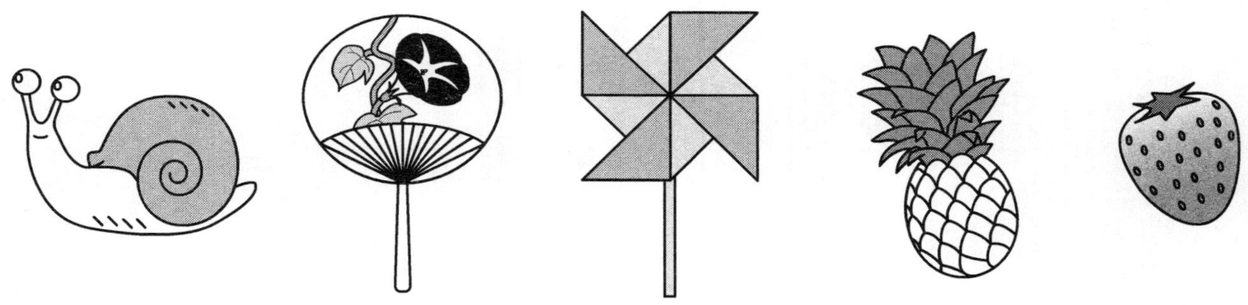

　無断複製／転載を禁ずる

日本学習図書株式会社

①

日本学習図書株式会社

2025年 追手門学院・関西大学 過去 無断複製／転載を禁ずる

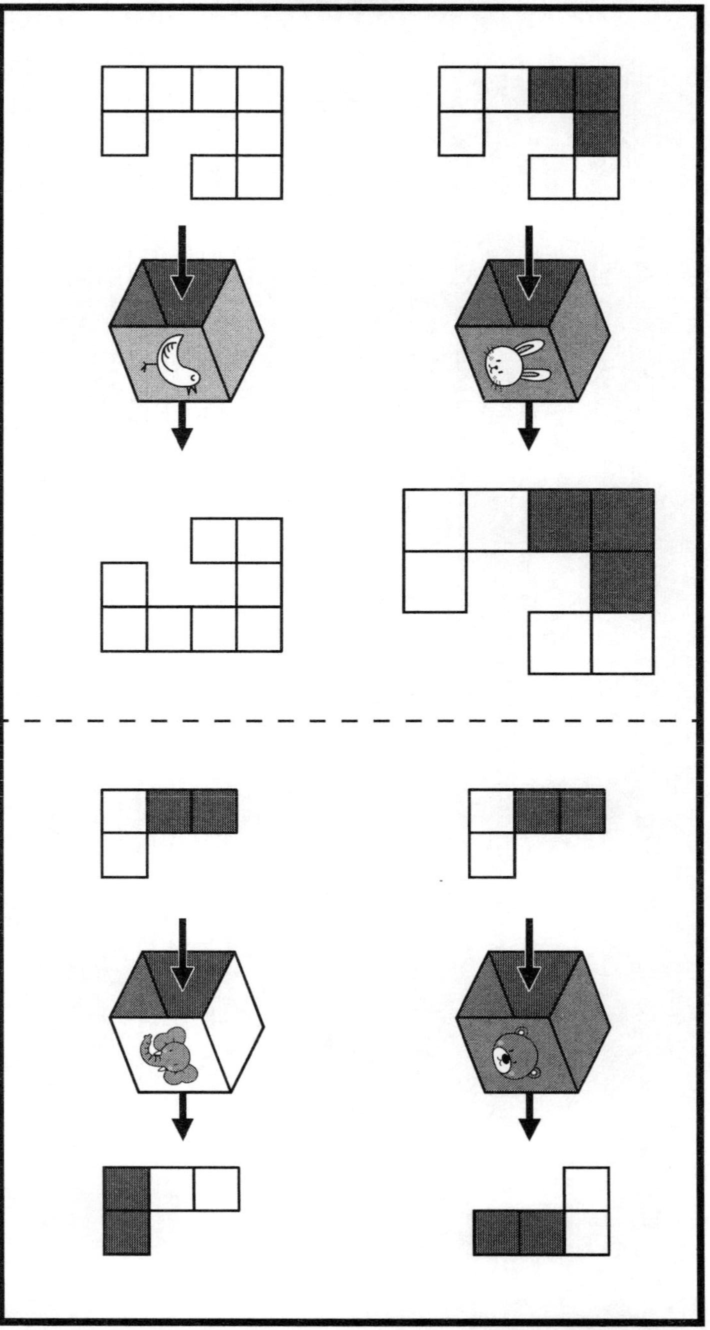

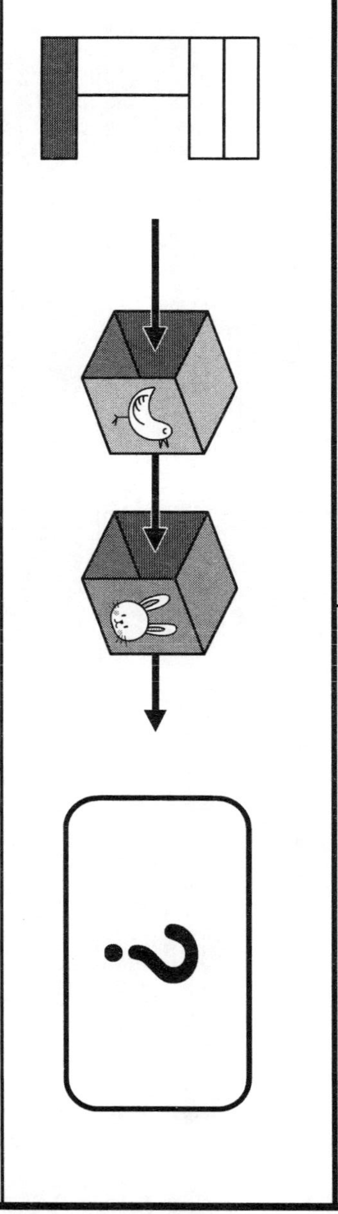

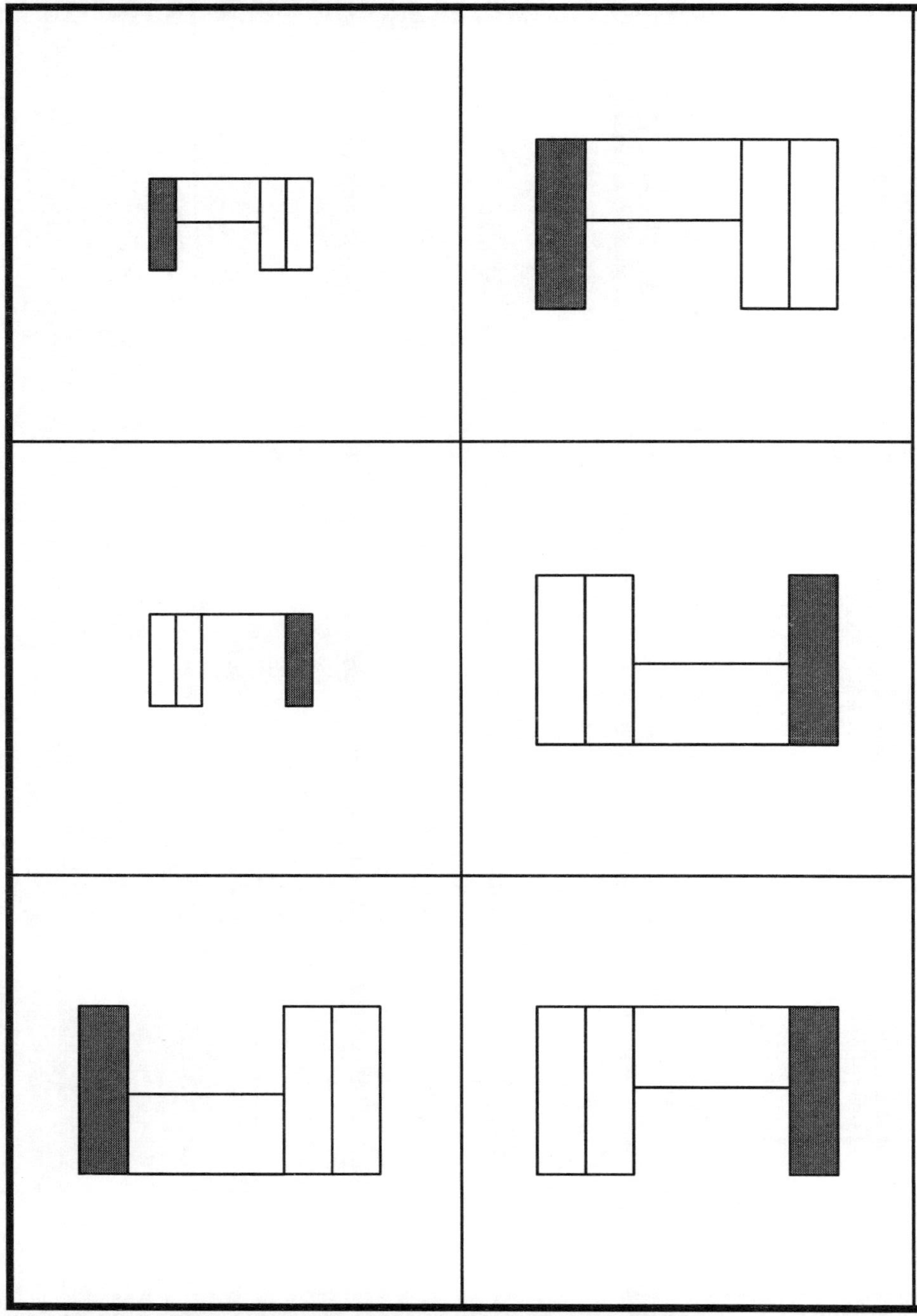

②日本学習図書株式会社

2025年　追手門学院・関西大学　過去　無断複製／転載を禁ずる

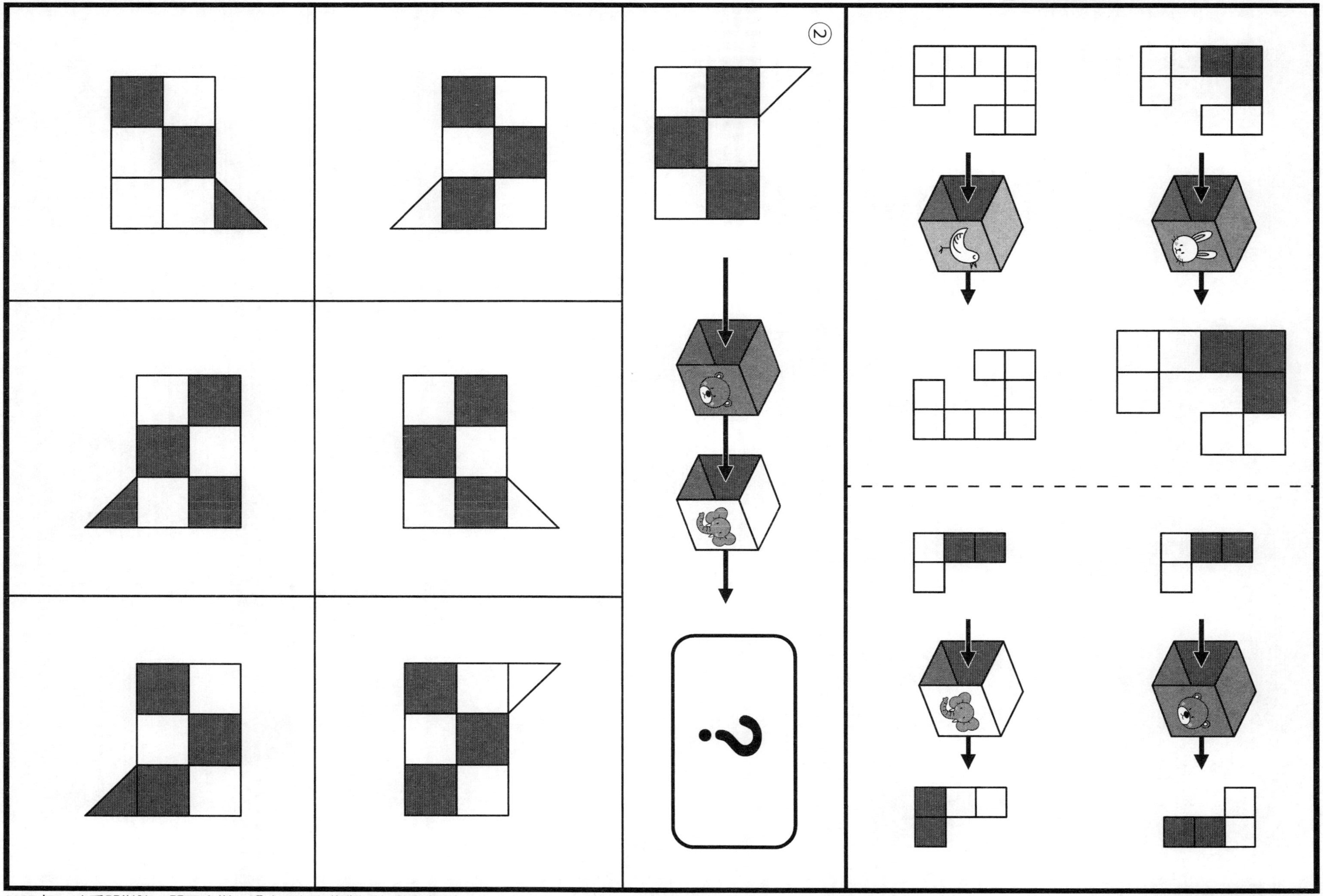

問題17－2

問題18－1

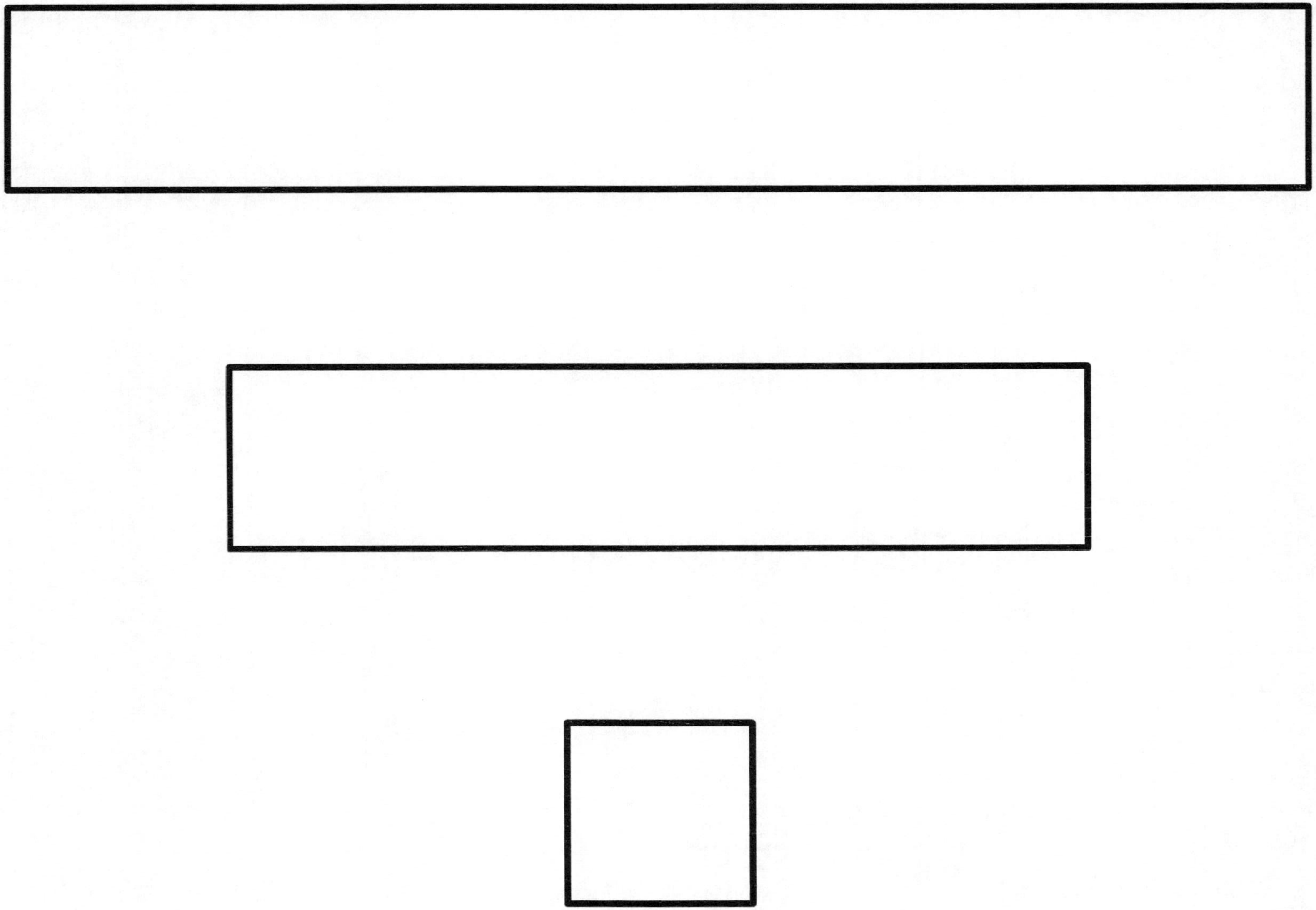

無断複製／転載を禁ずる

日本学習図書株式会社

問題18－2

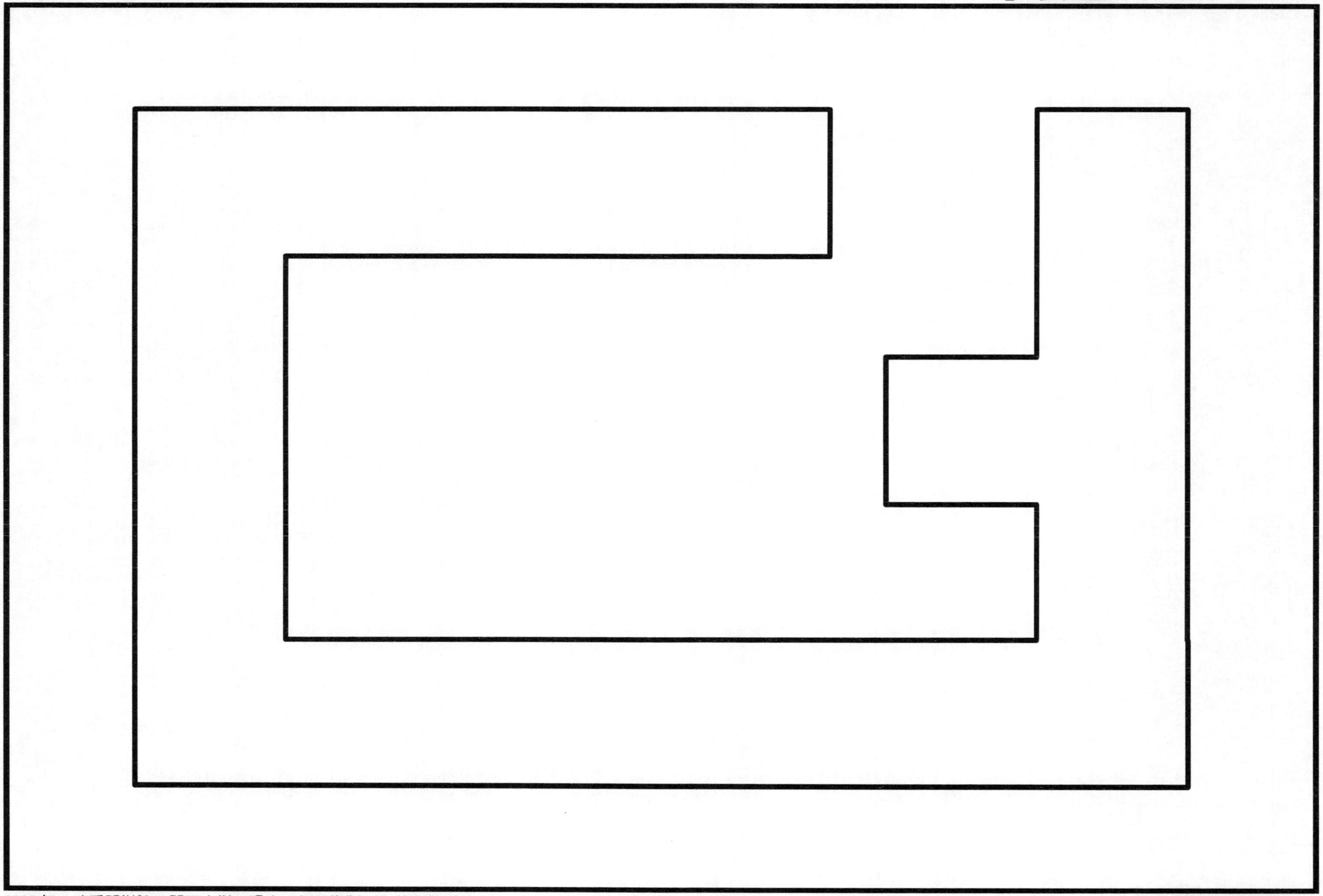

無断複製／転載を禁ずる

日本学習図書株式会社

☆追手門学院小学校

2025年 追手門学院・関西大学 過去　無断複製／転載を禁ずる　日本学習図書株式会社

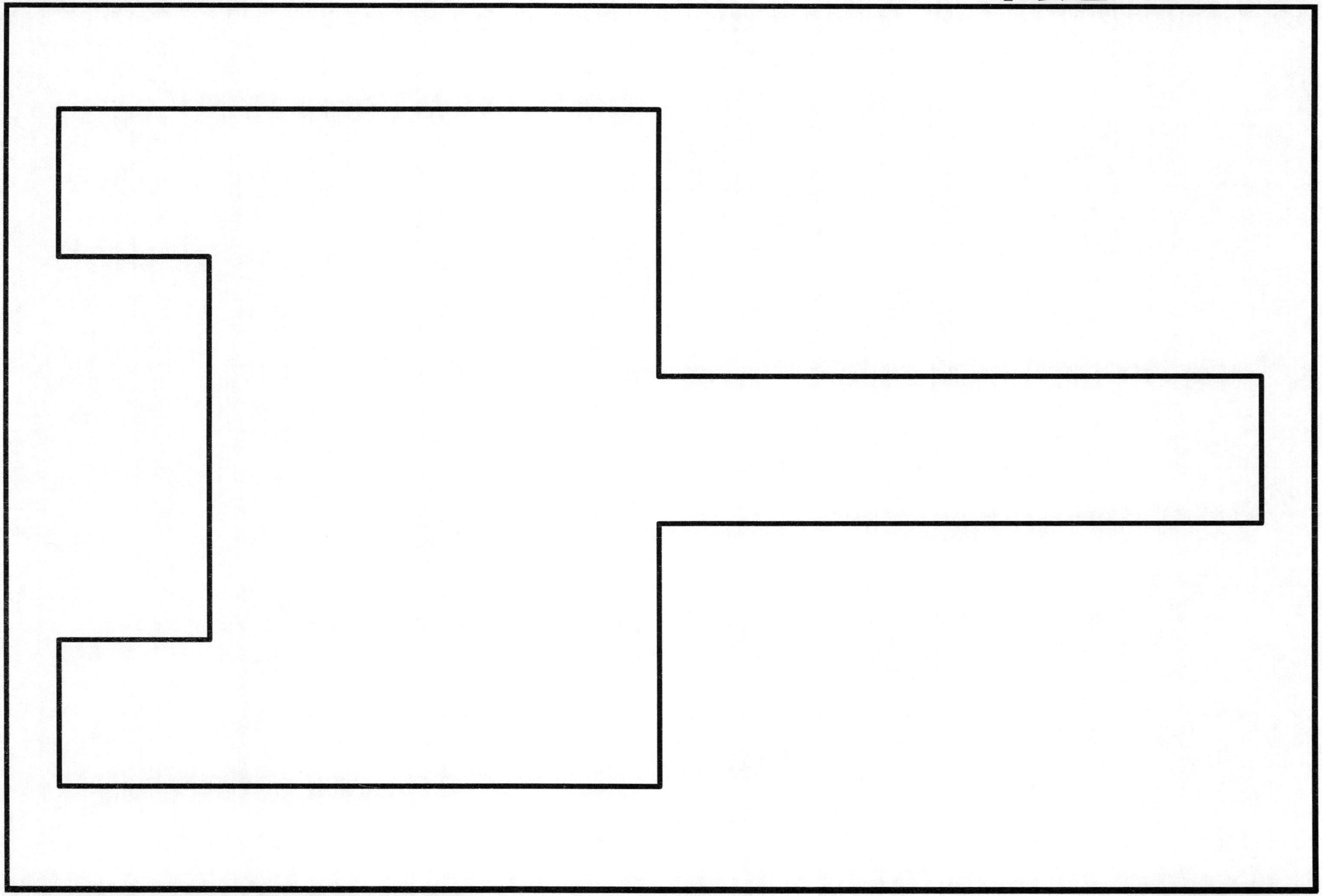

問題１９－１

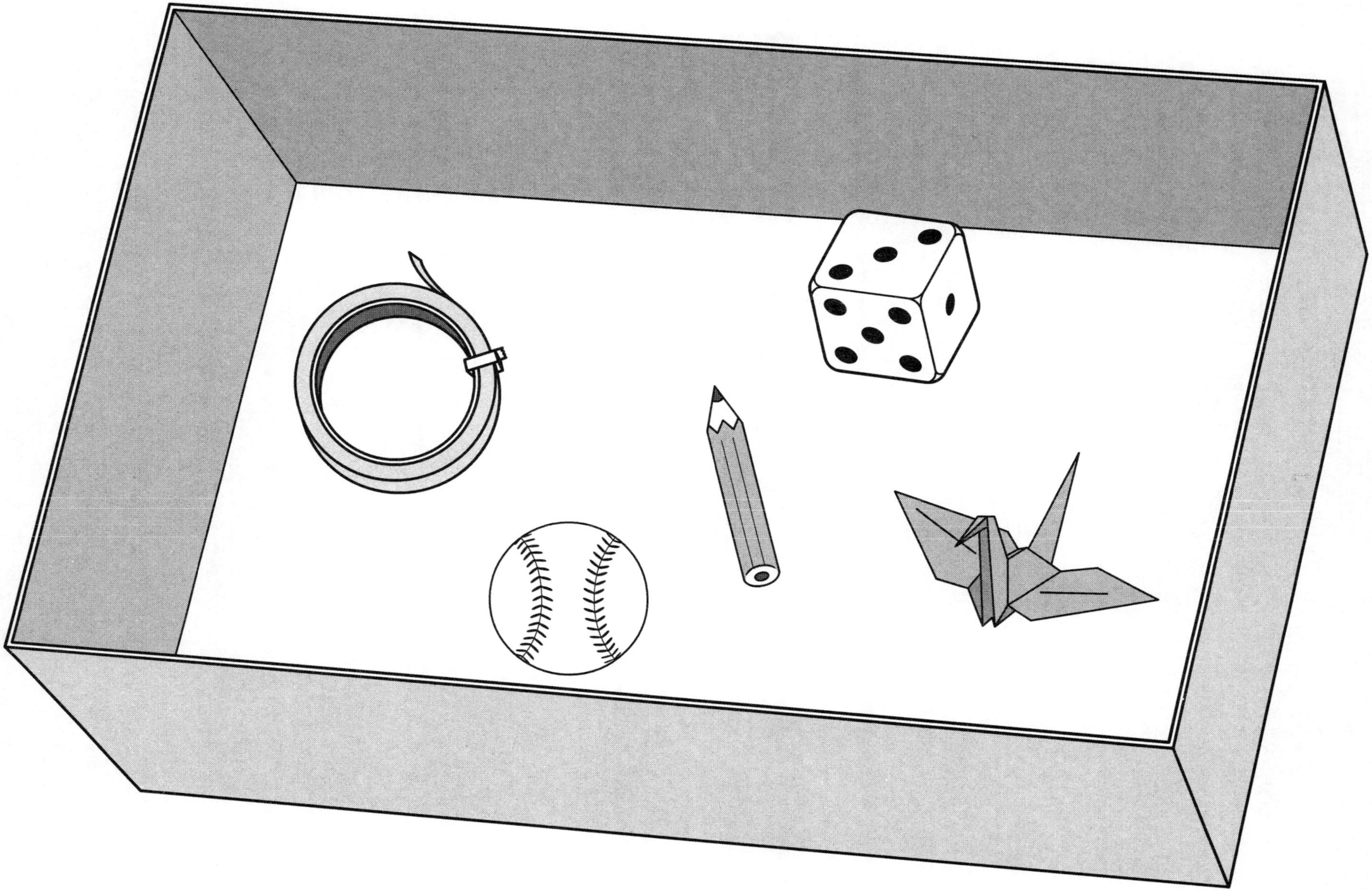

 無断複製／転載を禁ずる

日本学習図書株式会社

問題１９－２

無断複製／転載を禁ずる

日本学習図書株式会社

☆追手門学院小学校

問題２０

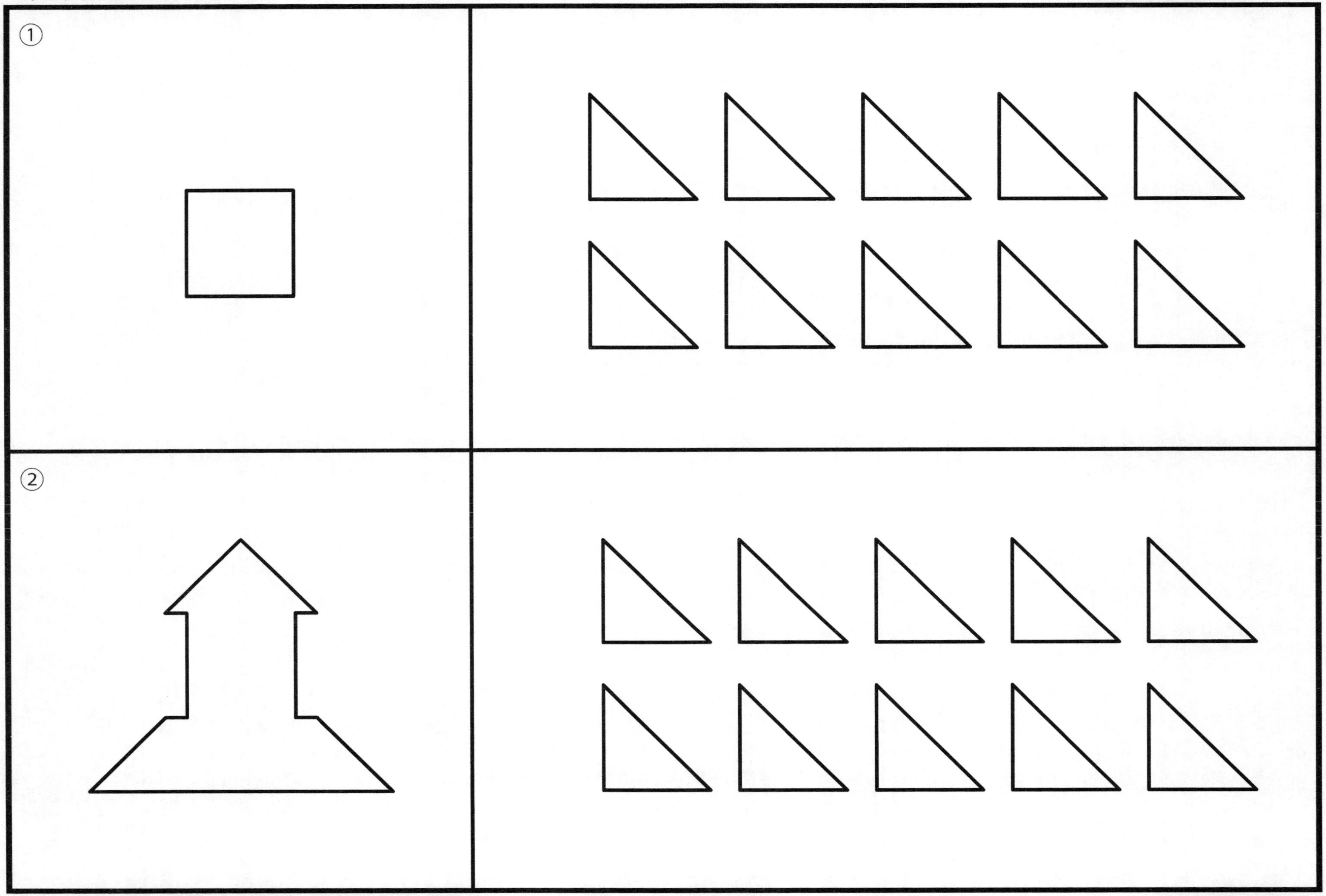

無断複製／転載を禁ずる

☆追手門学院小学校

問題２１

①

②

無断複製／転載を禁ずる

日本学習図書株式会社

☆追手門学院小学校

問題２２

☆追手門学院小学校

2025 年　追手門学院・関西大学　過去　無断複製／転載を禁ずる　　日本学習図書株式会社

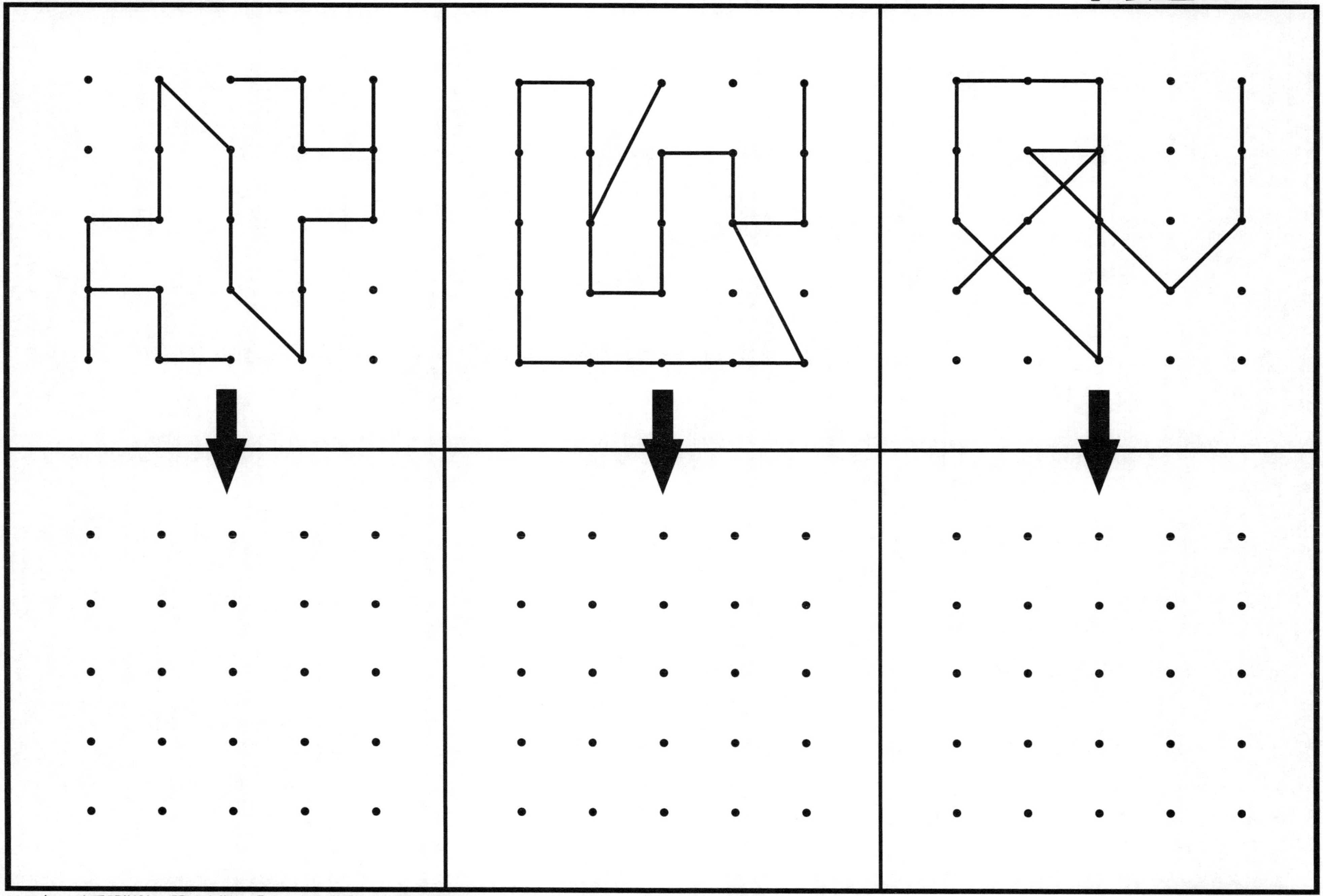

問題２５

①

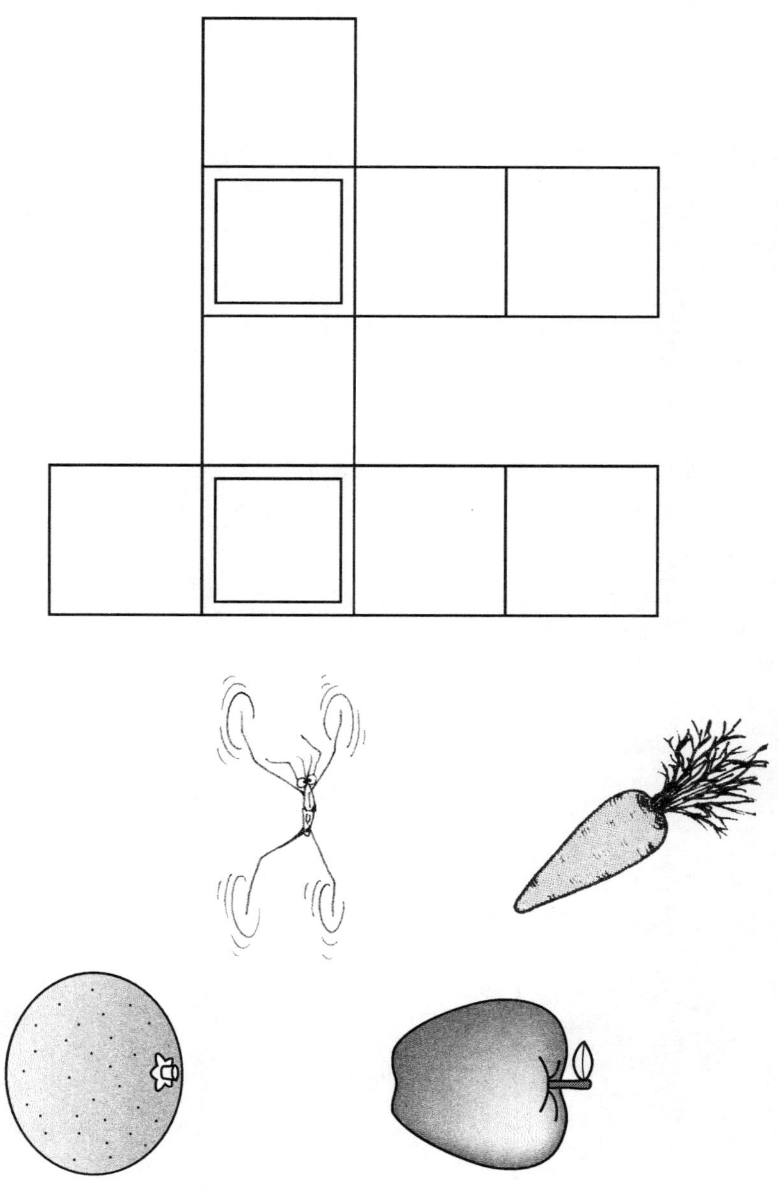

②

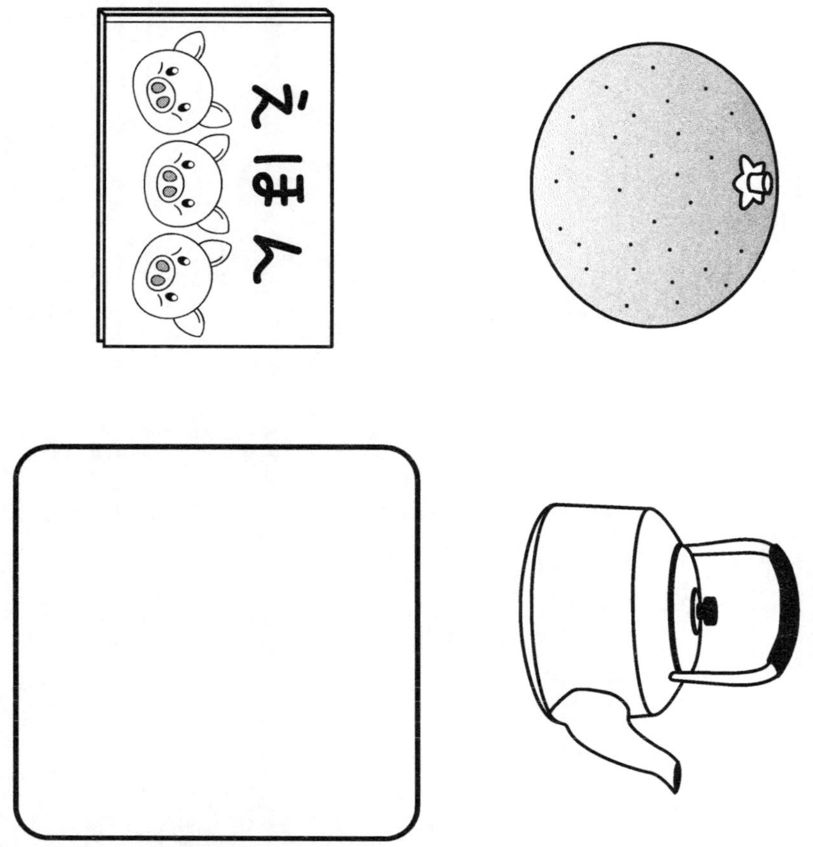

無断複製／転載を禁ずる

日本学習図書株式会社

☆関西大学初等部

問題２６

無断複製／転載を禁ずる

日本学習図書株式会社

☆関西大学初等部

問題２７

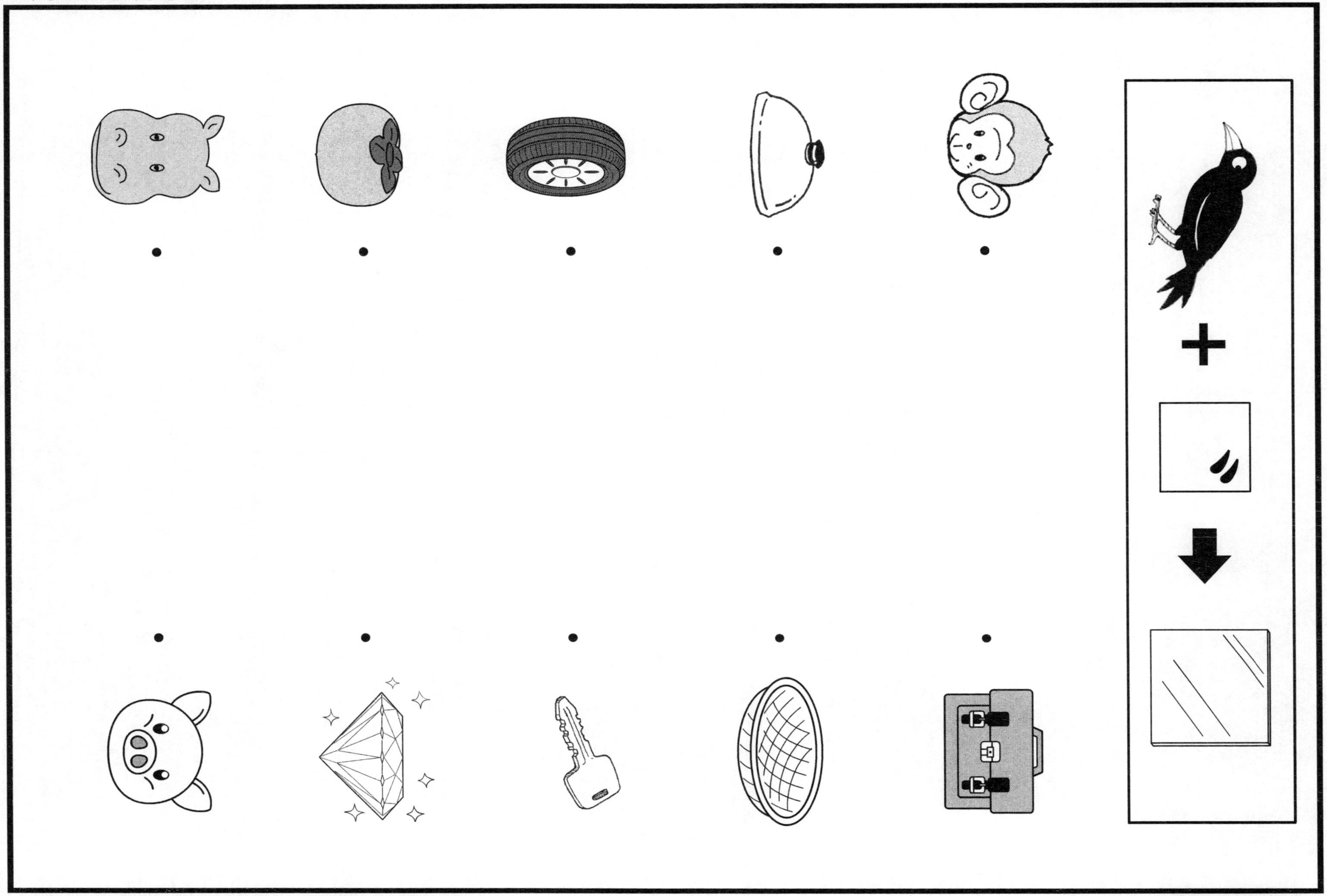

☆関西大学初等部

問題２８

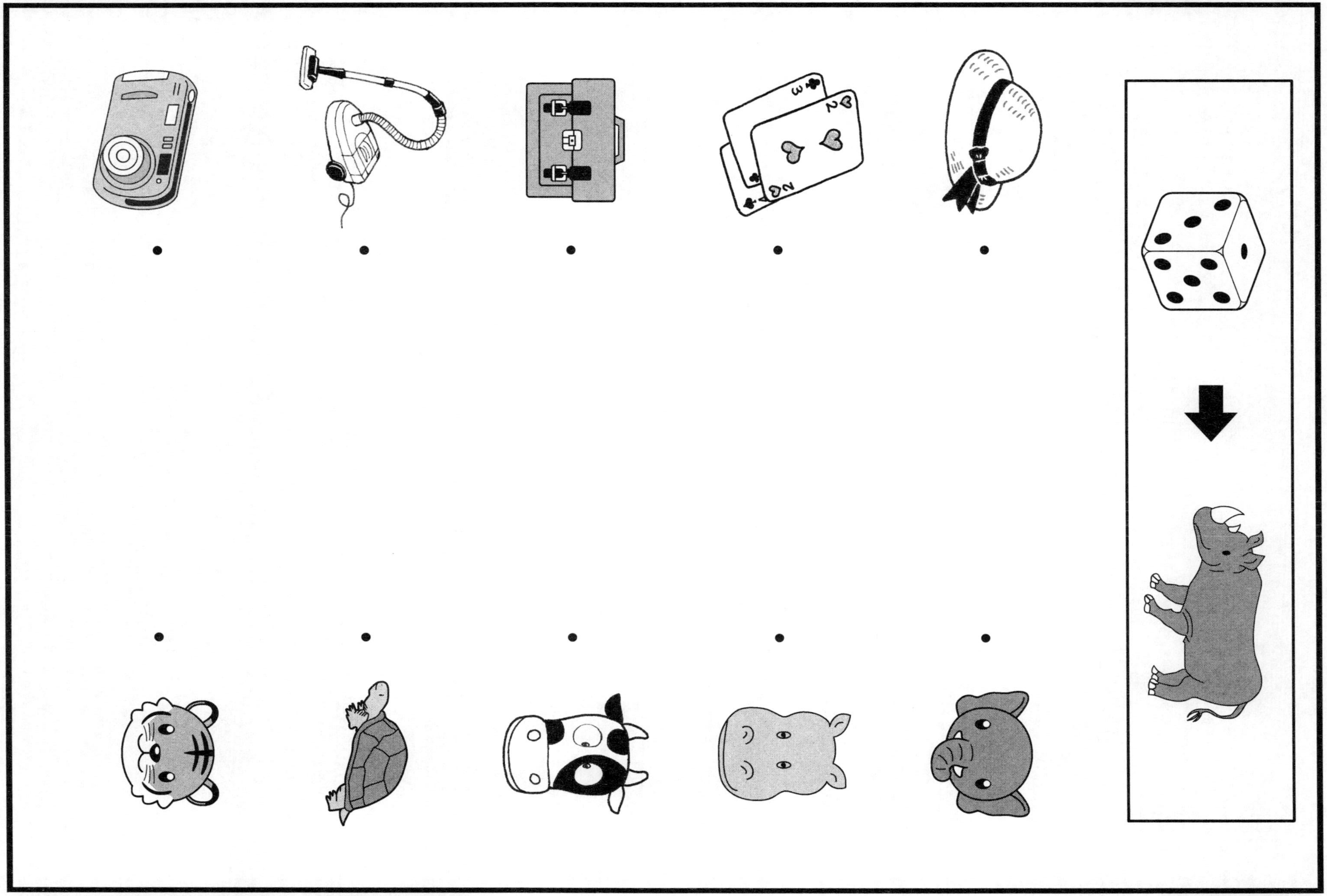

問題２９

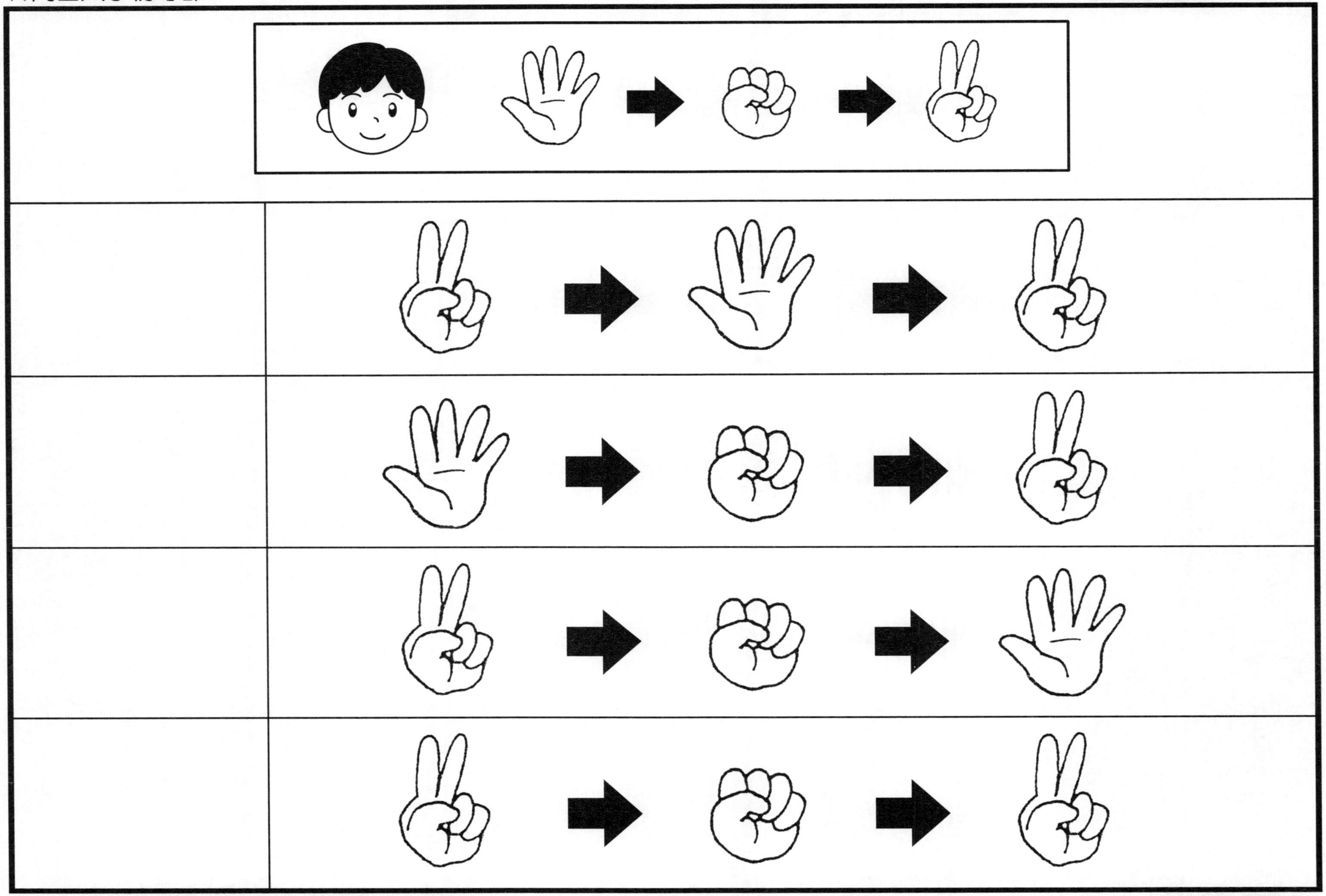

無断複製／転載を禁ずる

日本学習図書株式会社

☆関西大学初等部

問題３０

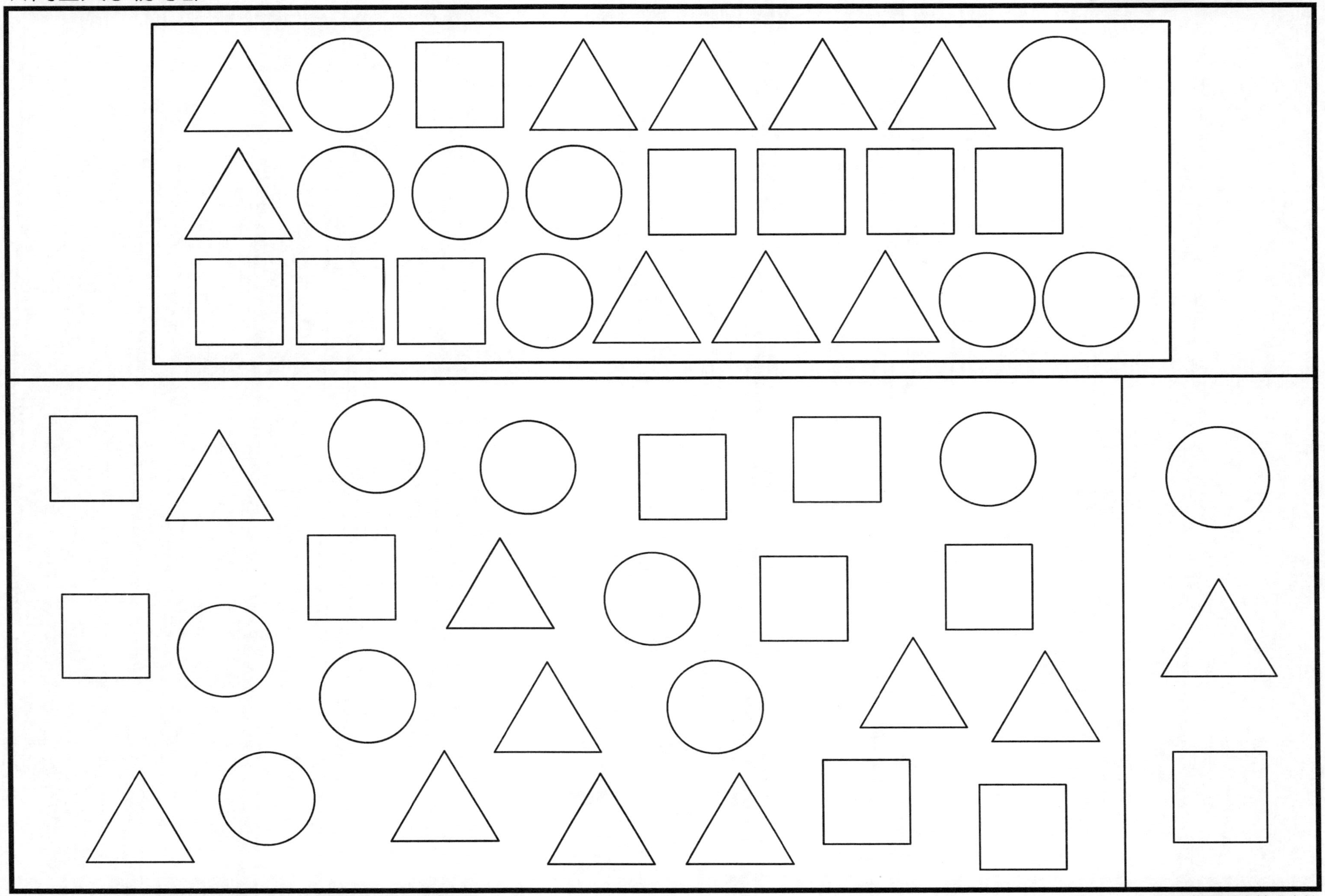

問題31

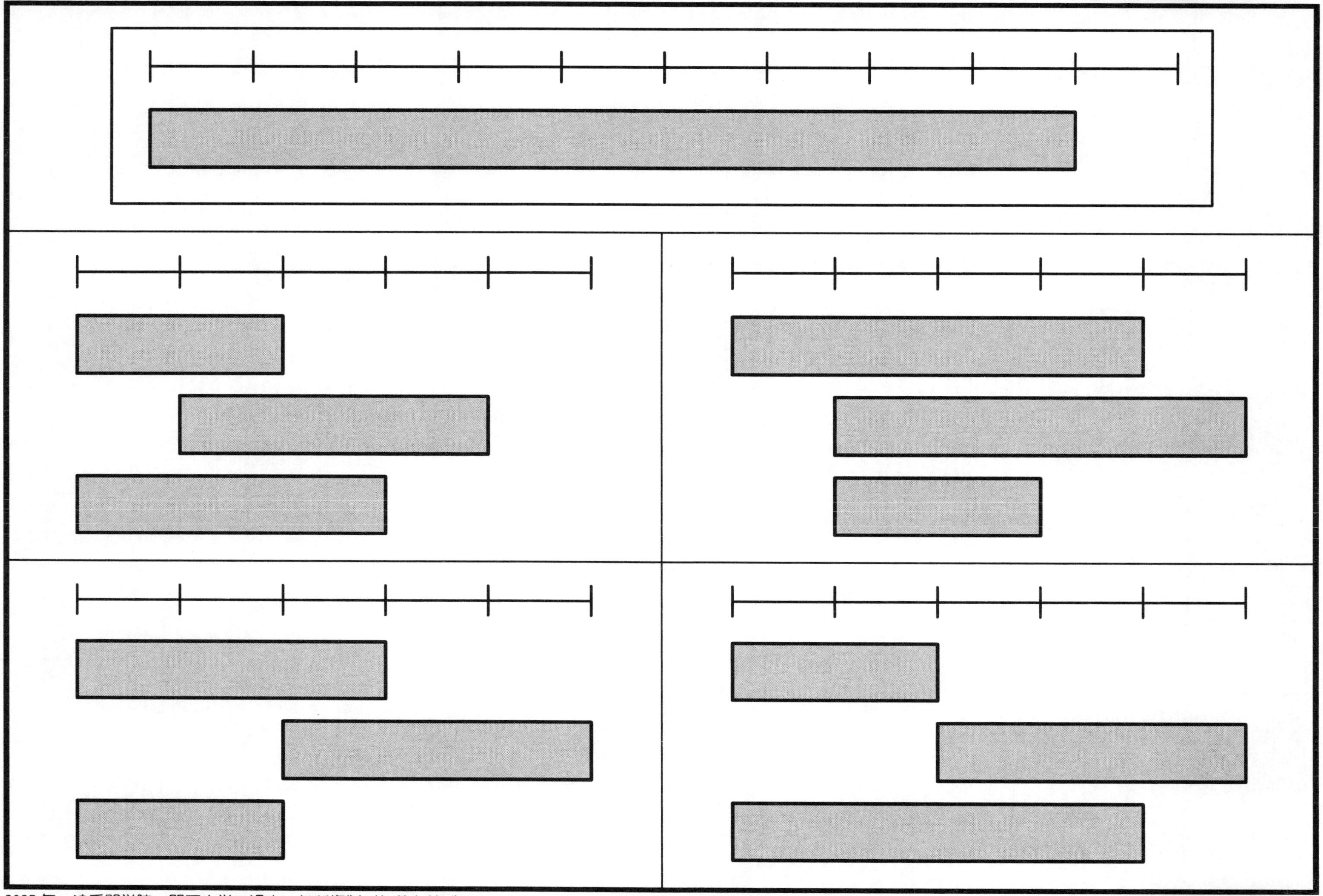

無断複製／転載を禁ずる

日本学習図書株式会社

☆関西大学初等部

問題３２

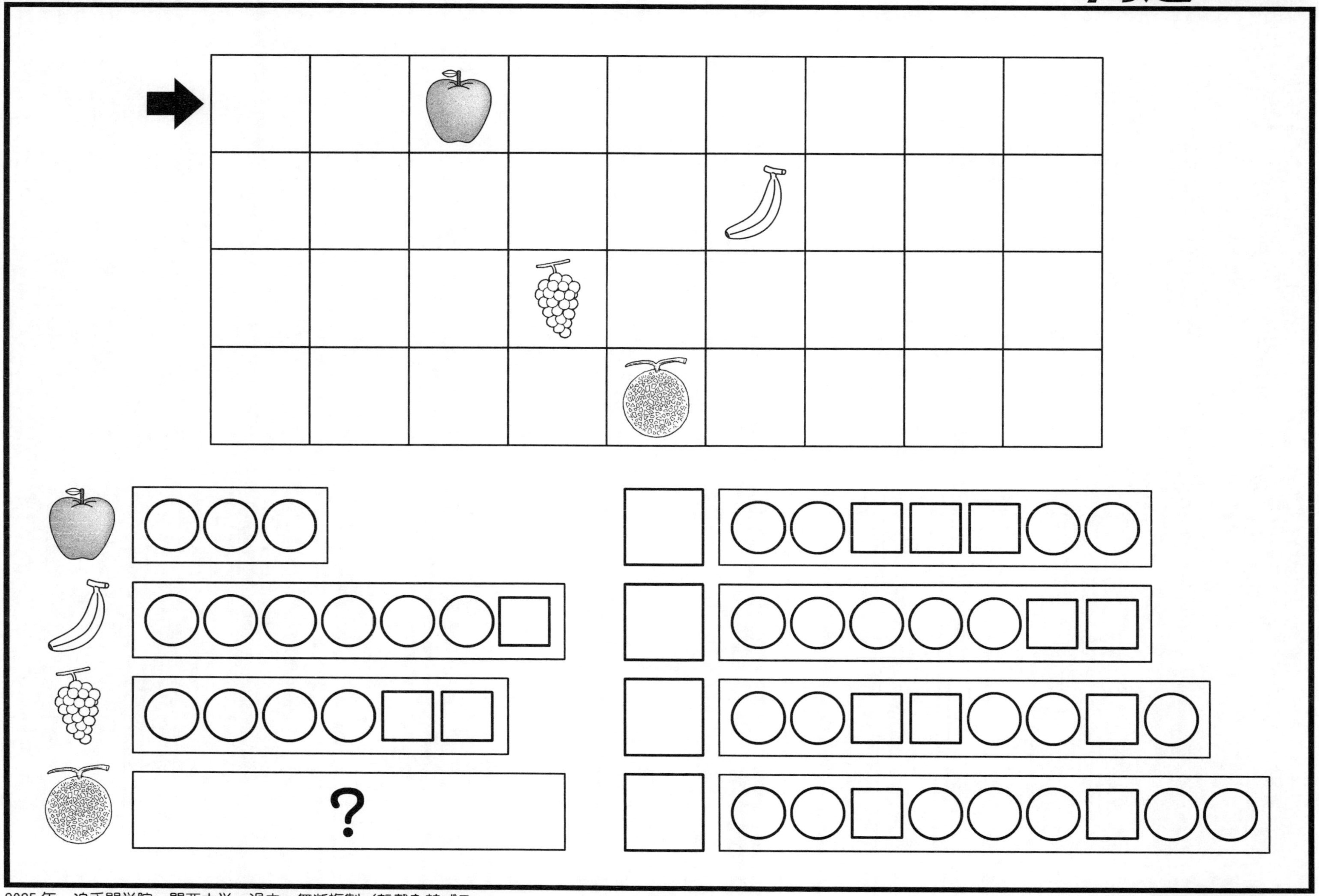

問題33

☆関西大学初等部

①

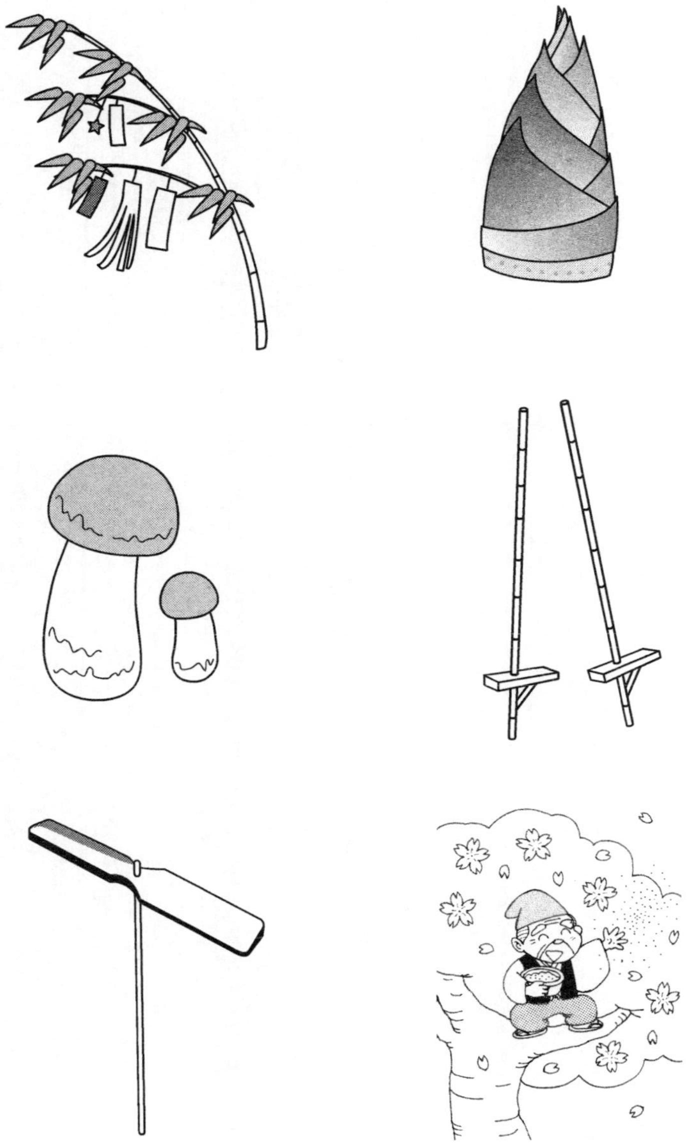

②

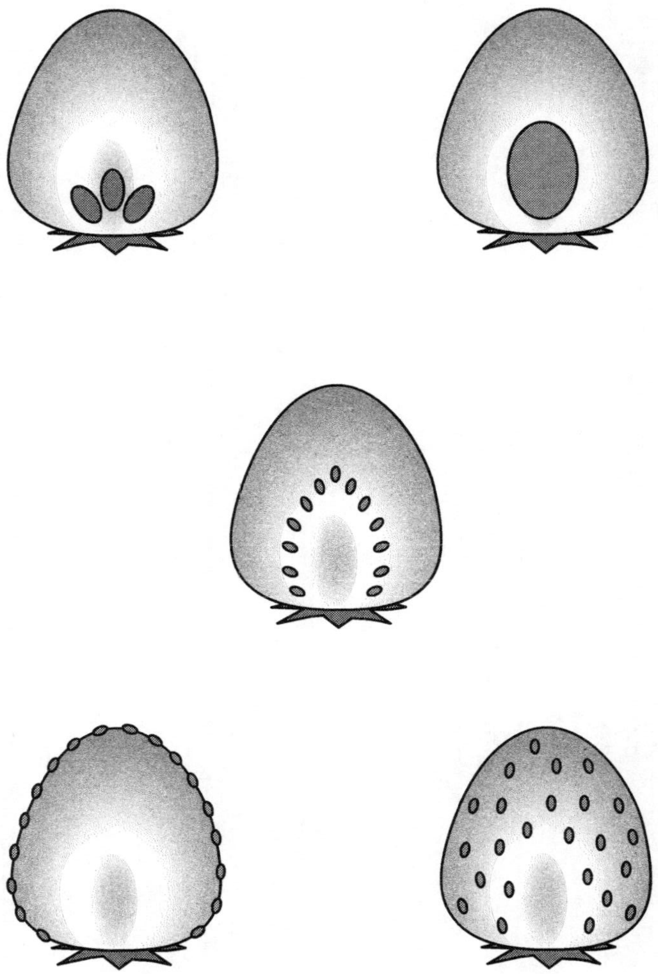

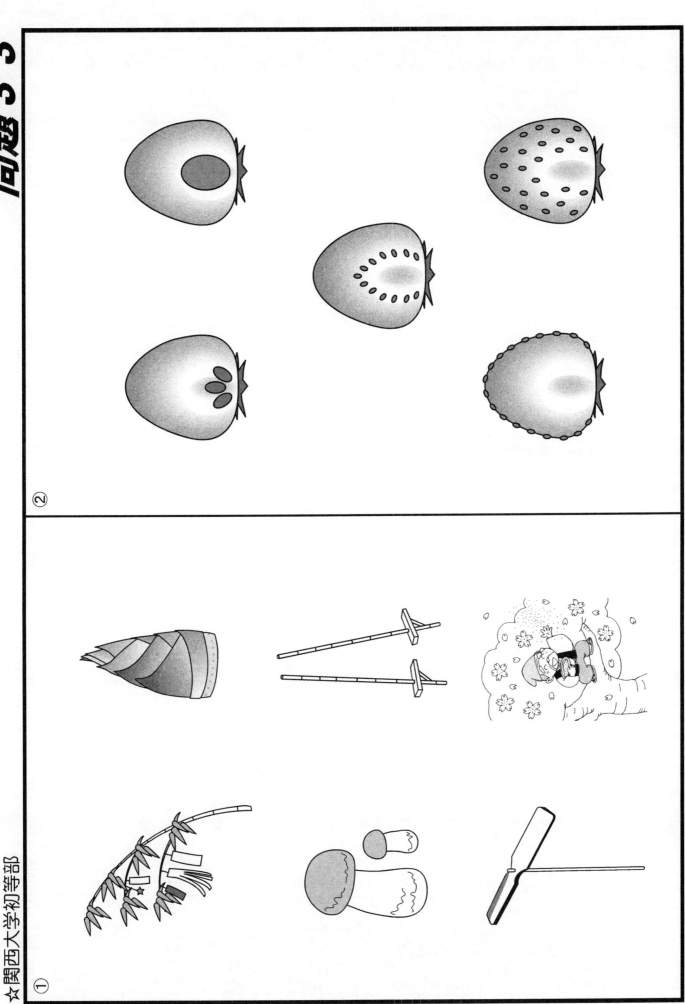

☆関西大学初等部

2025 年　追手門学院・関西大学　過去　無断複製/転載を禁ずる　　　　日本学習図書株式会社

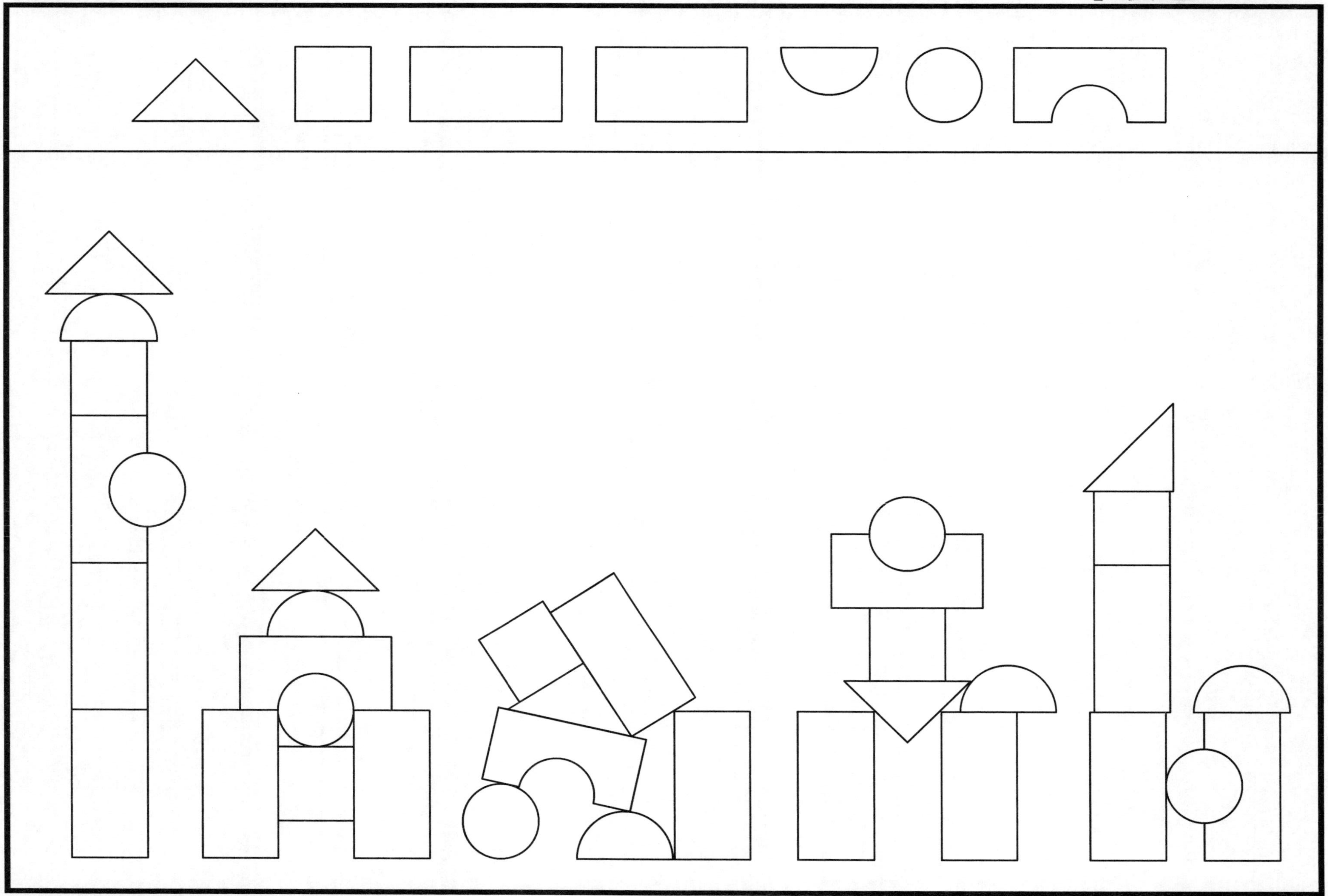

問題３５－１

問題３５－２

無断複製／転載を禁ずる

日本学習図書株式会社

☆関西大学初等部

問題37

①

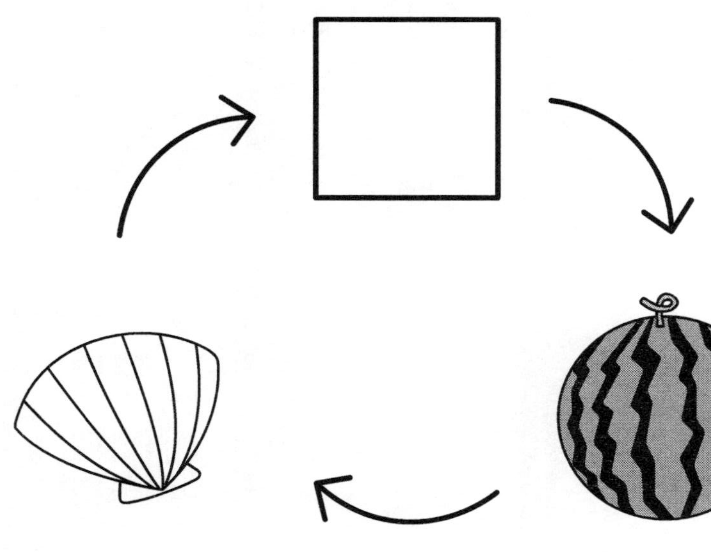

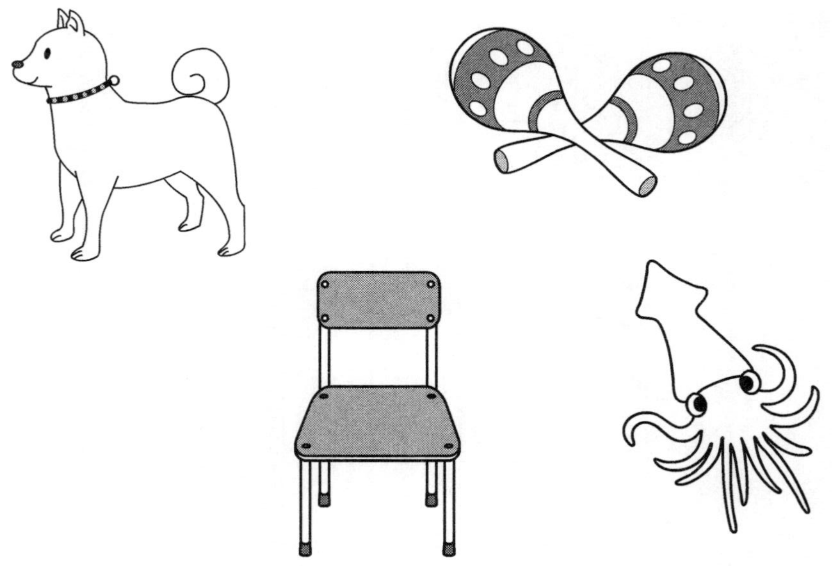

②

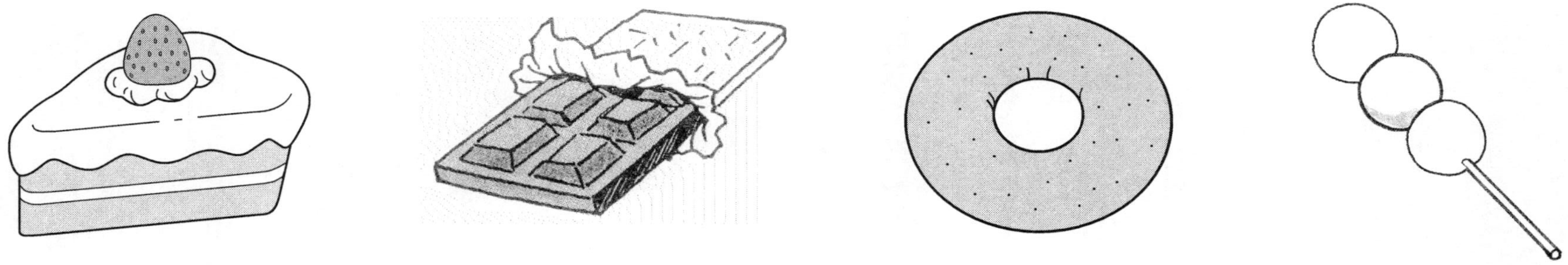

無断複製／転載を禁ずる

日本学習図書株式会社

問題38

無断複製／転載を禁ずる

日本学習図書株式会社

☆関西大学初等部

問題３９－１

①

②

③

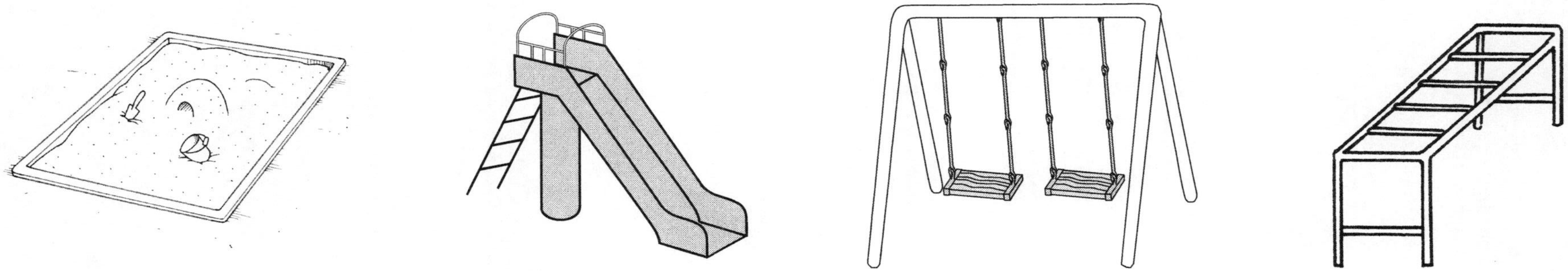

④

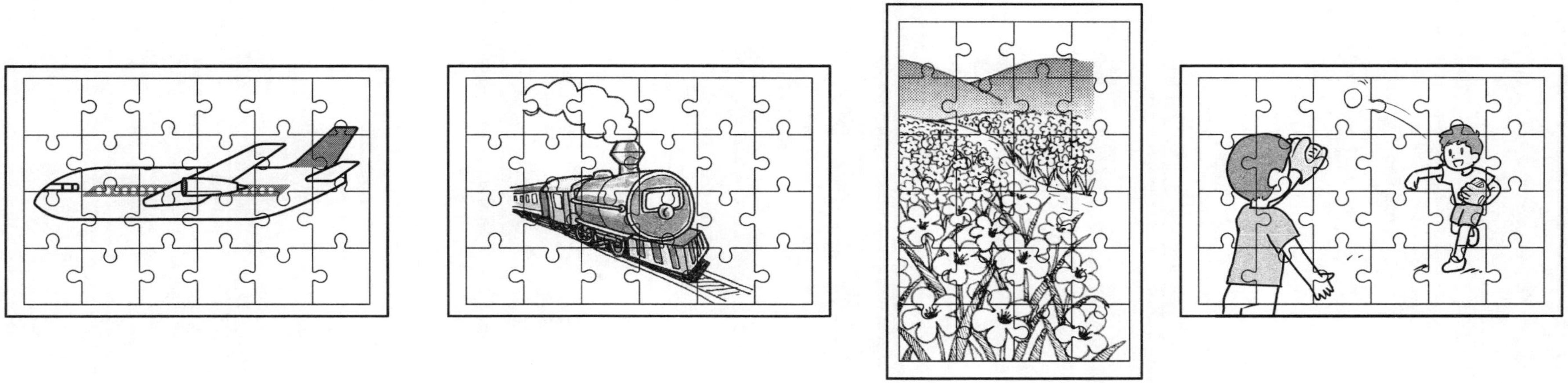

⑤

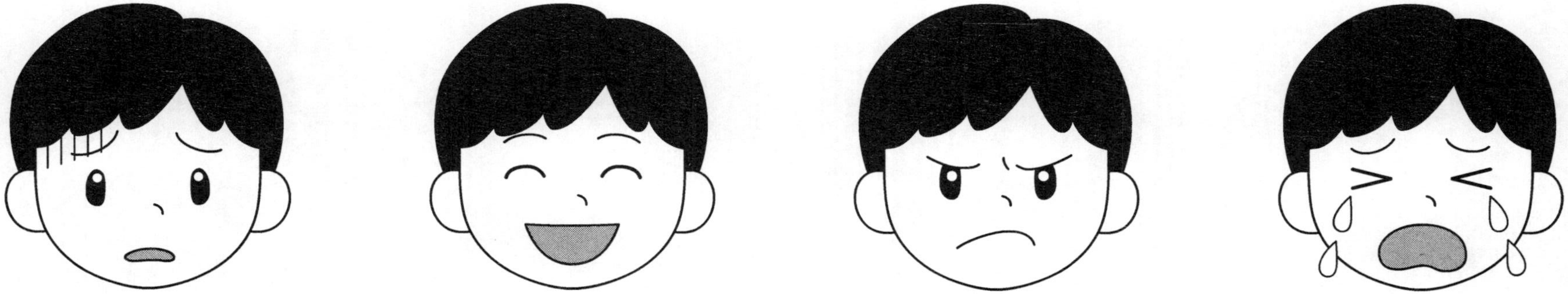

問題４０

☆関西大学初等部

①

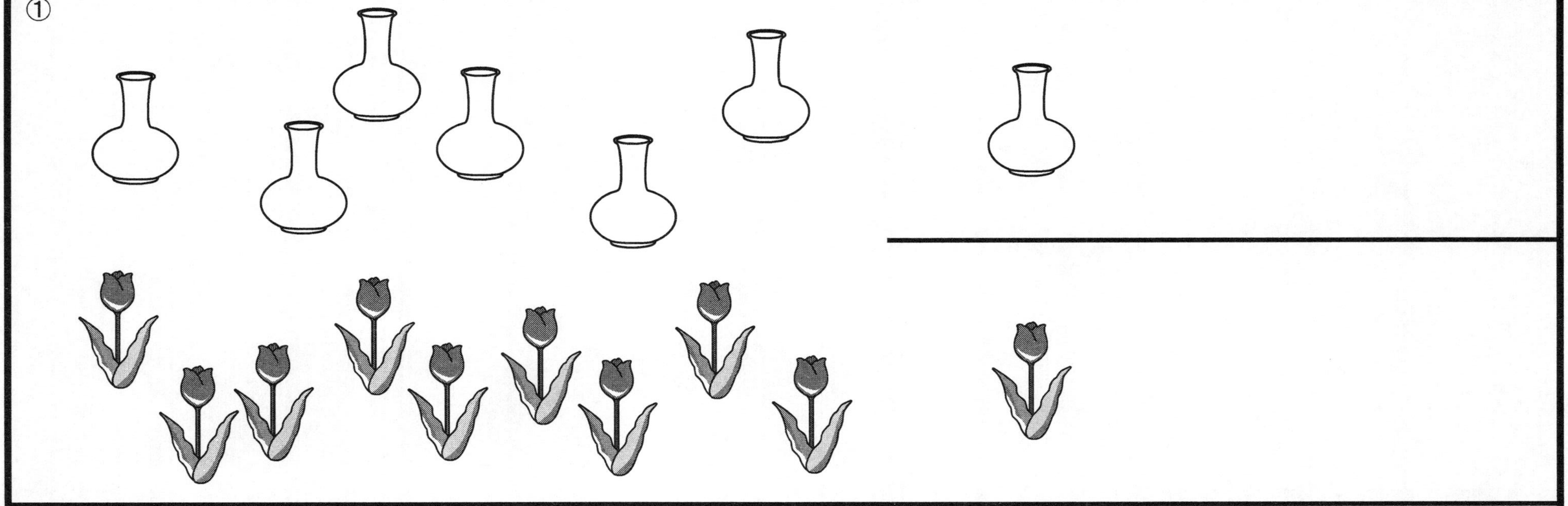

②

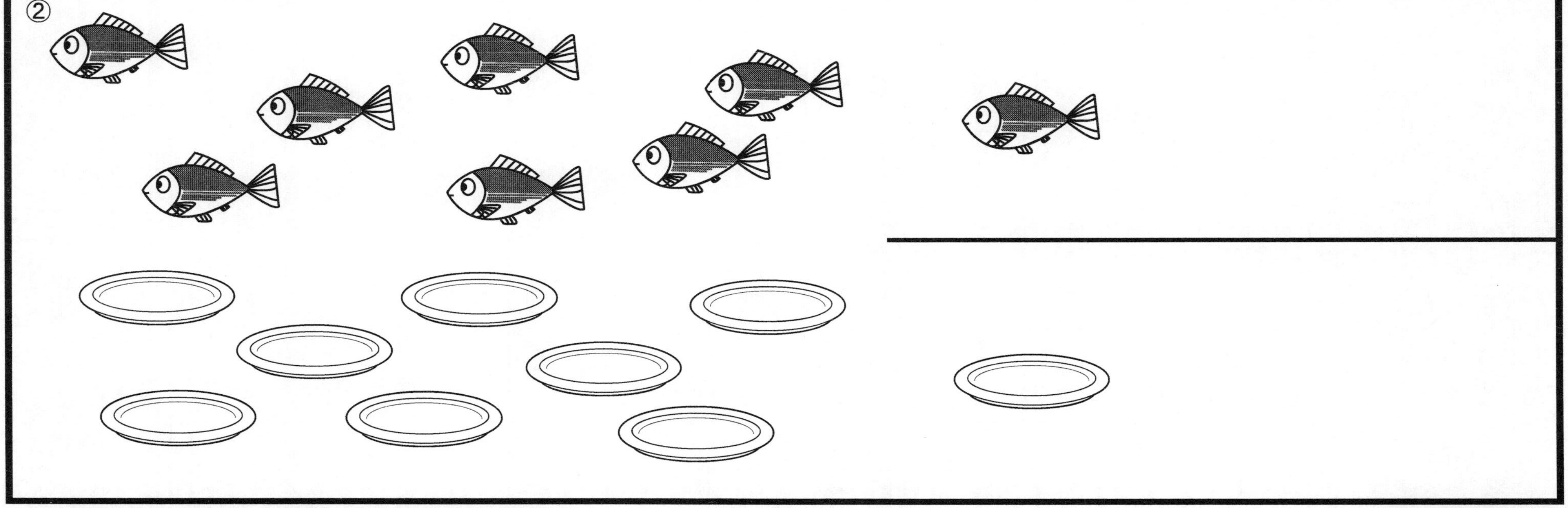

無断複製／転載を禁ずる

日本学習図書株式会社

☆関西大学初等部

問題41

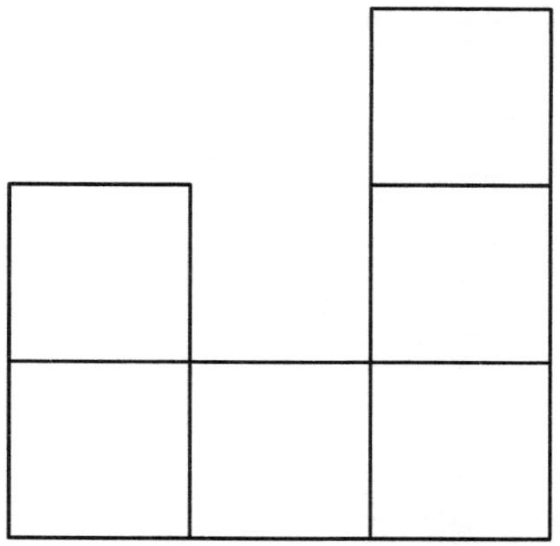

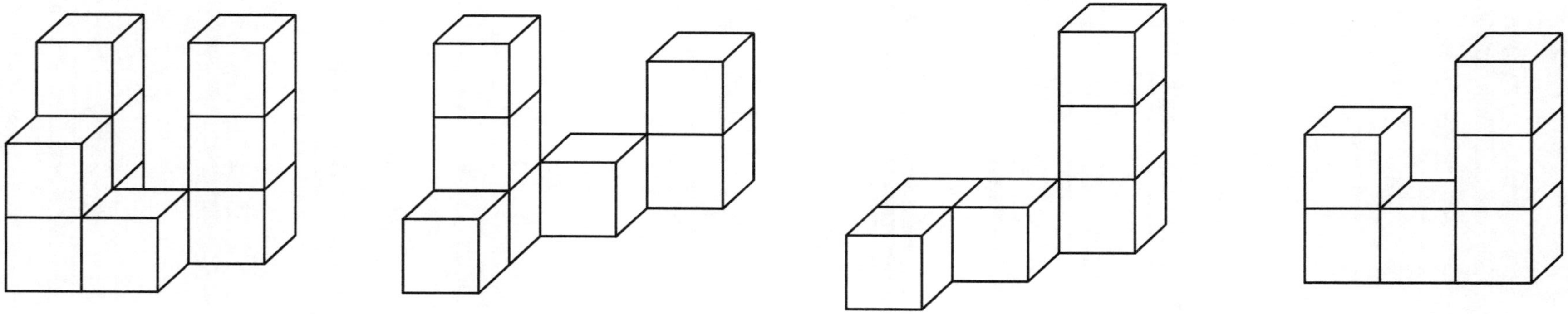

問題４２

☆関西大学初等部

①

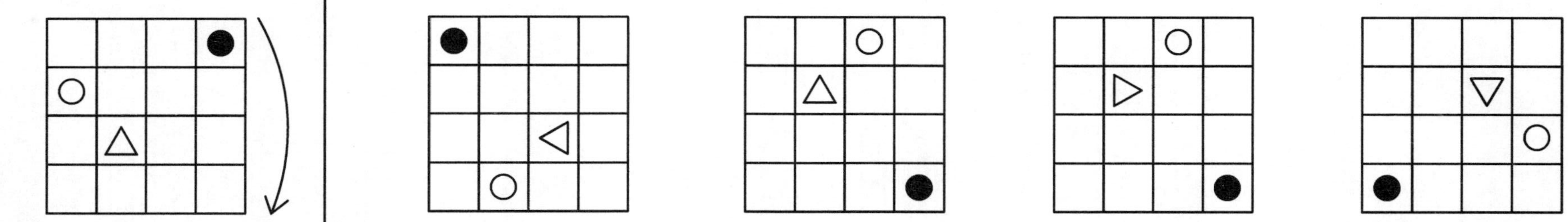

②

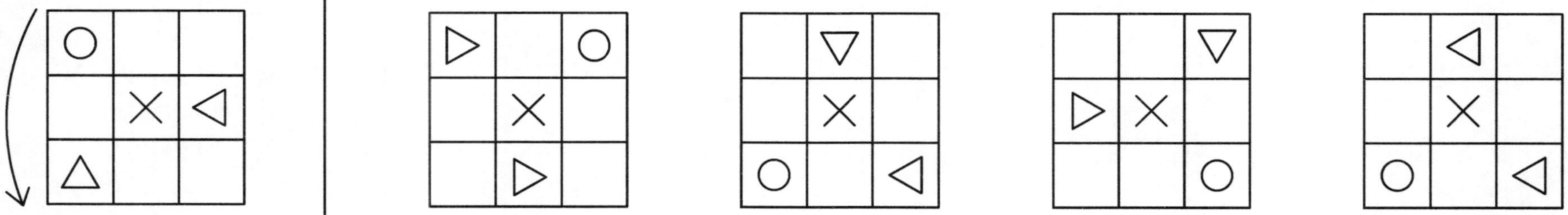

③

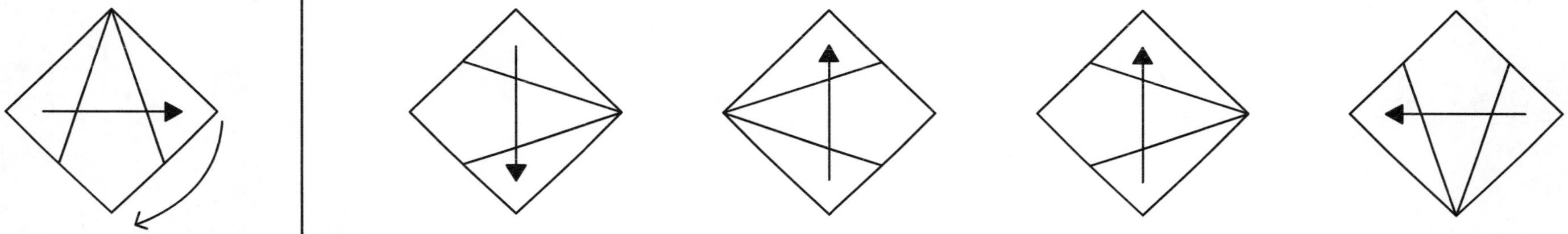

④

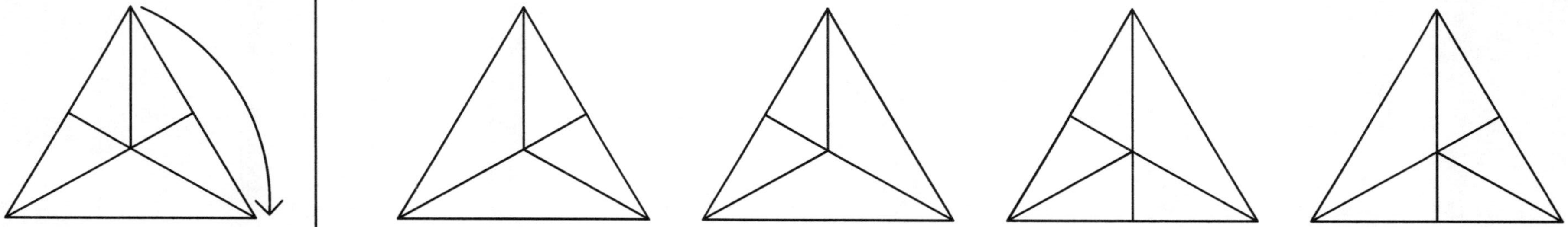

無断複製／転載を禁ずる

日本学習図書株式会社

問題４３

☆関西大学初等部

①

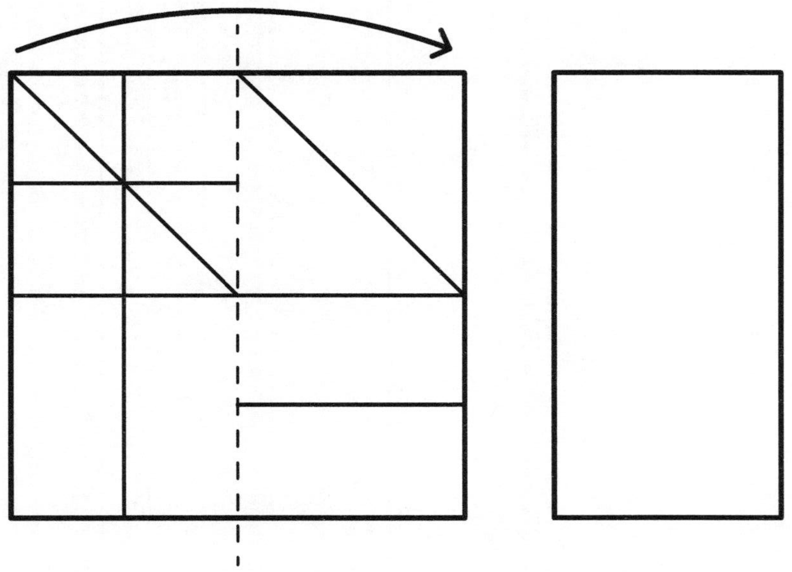

②

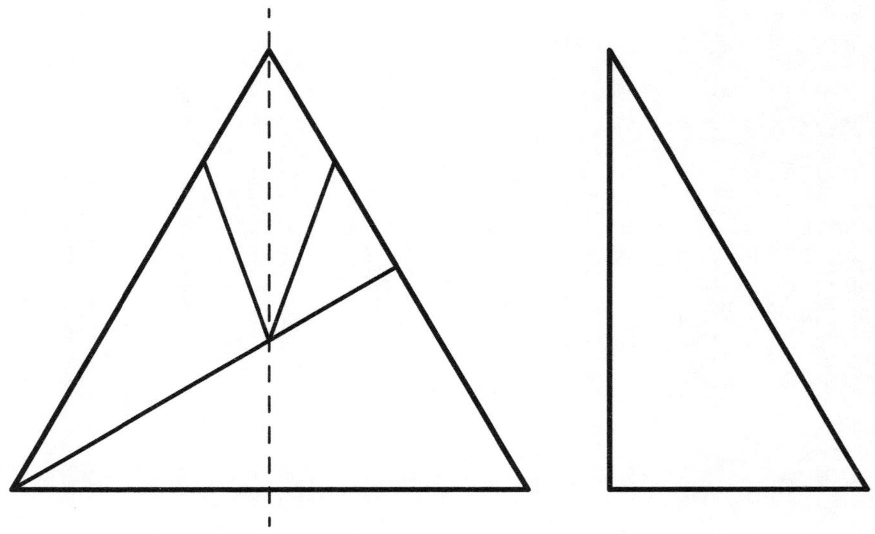

③

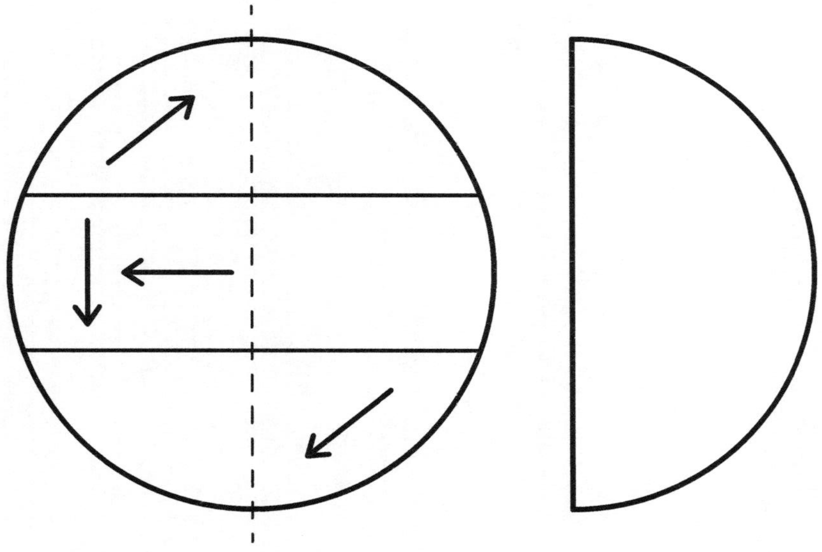

④

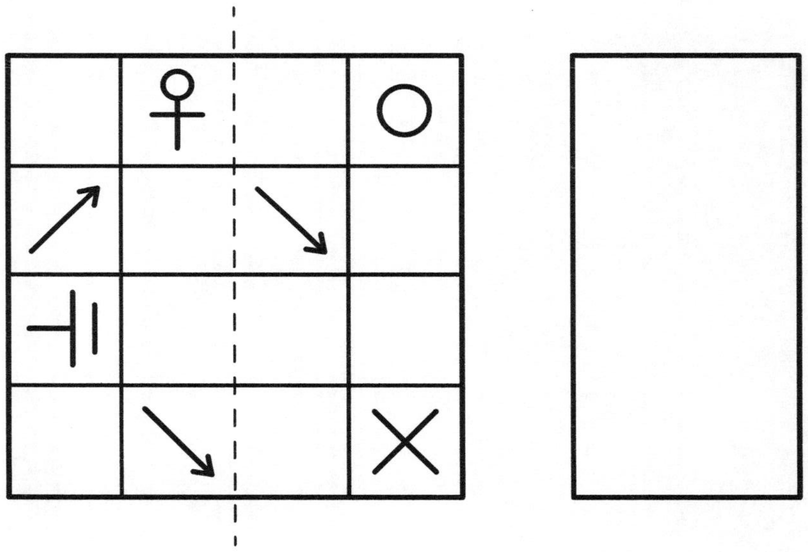

☆関西大学初等部

2025年 追手門学院・関西大学 過去 無断複製／転載を禁ずる　　日本学習図書株式会社

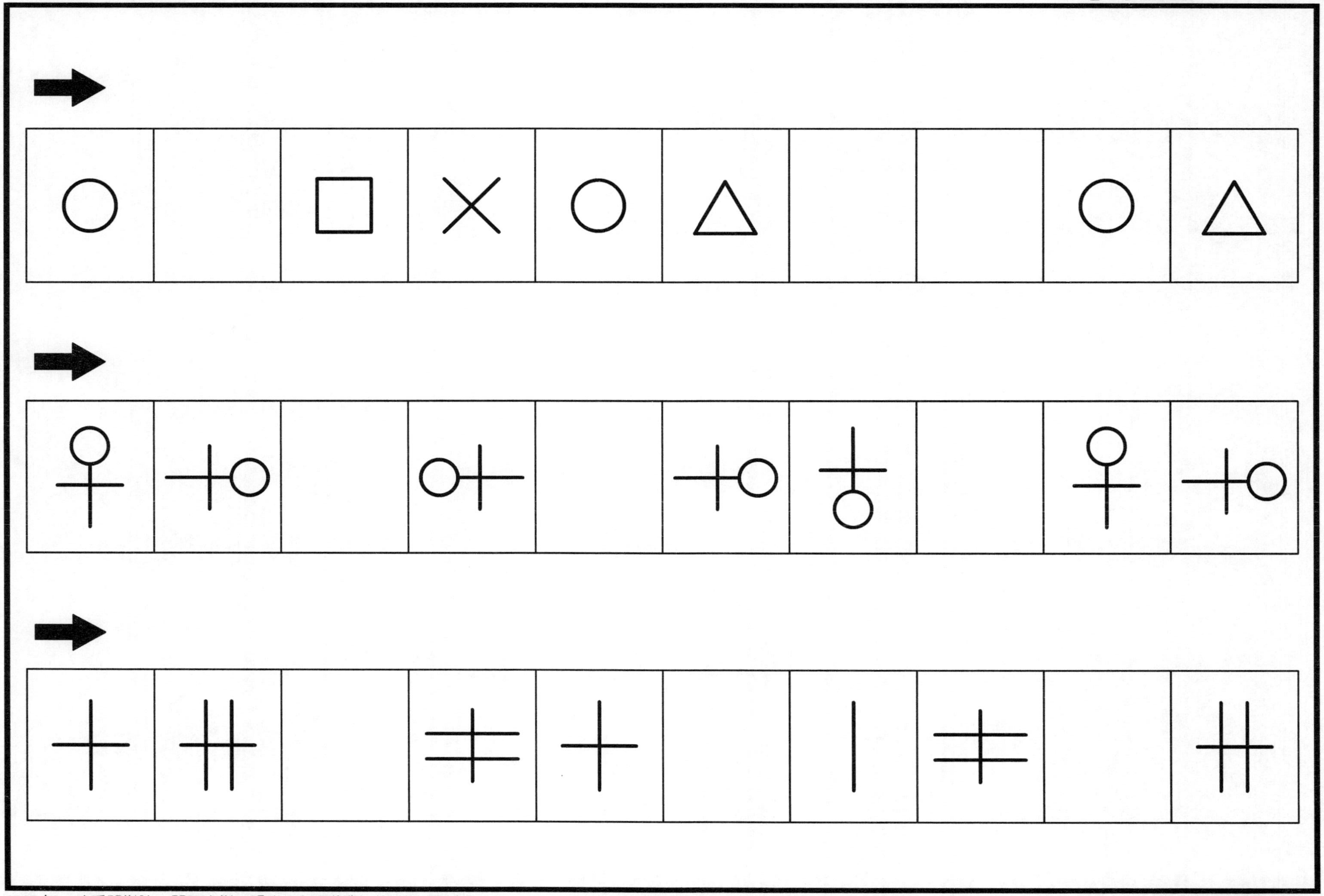

☆関西大学初等部

問題４５

①

②

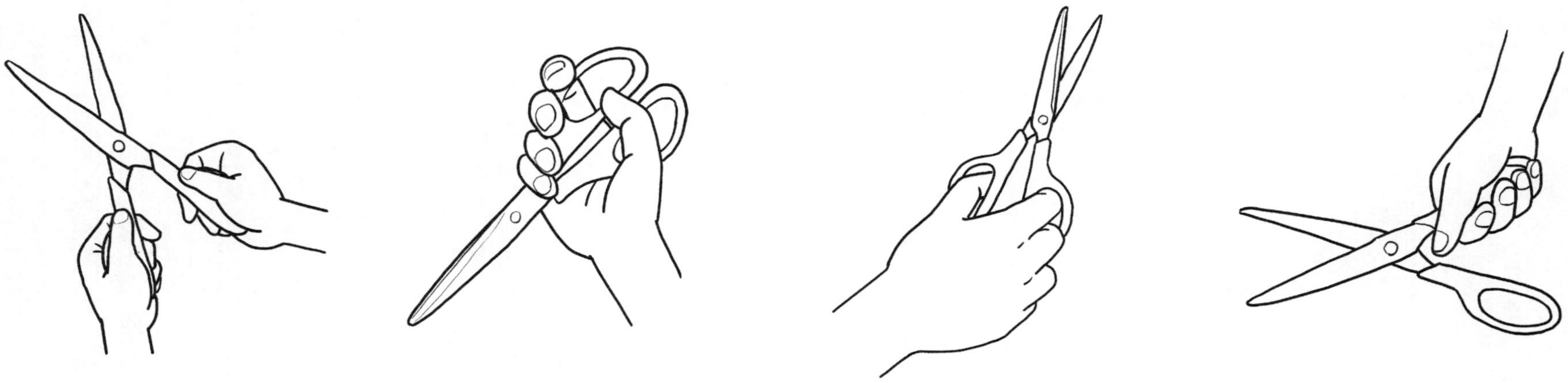

☆関西大学初等部

問題46

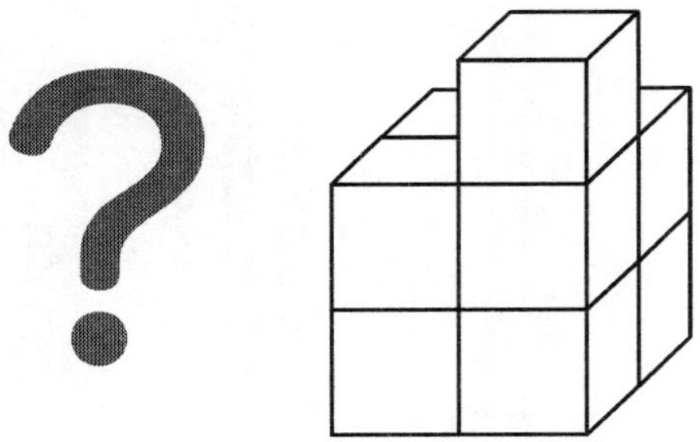

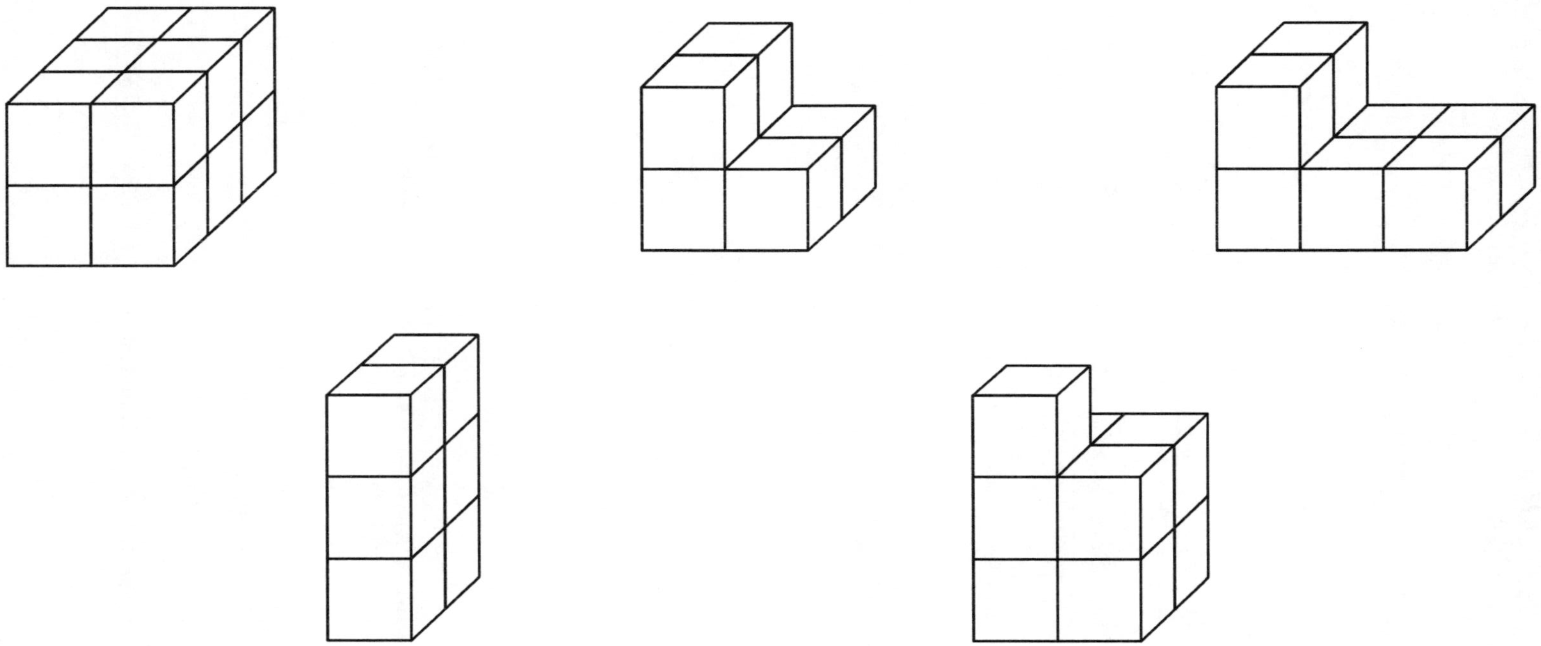

2025年　追手門学院・関西大学　過去　無断複製／転載を禁ずる

日本学習図書株式会社

2025年 追手門学院・関西大学 過去 無断複製／転載を禁ずる

日本学習図書株式会社

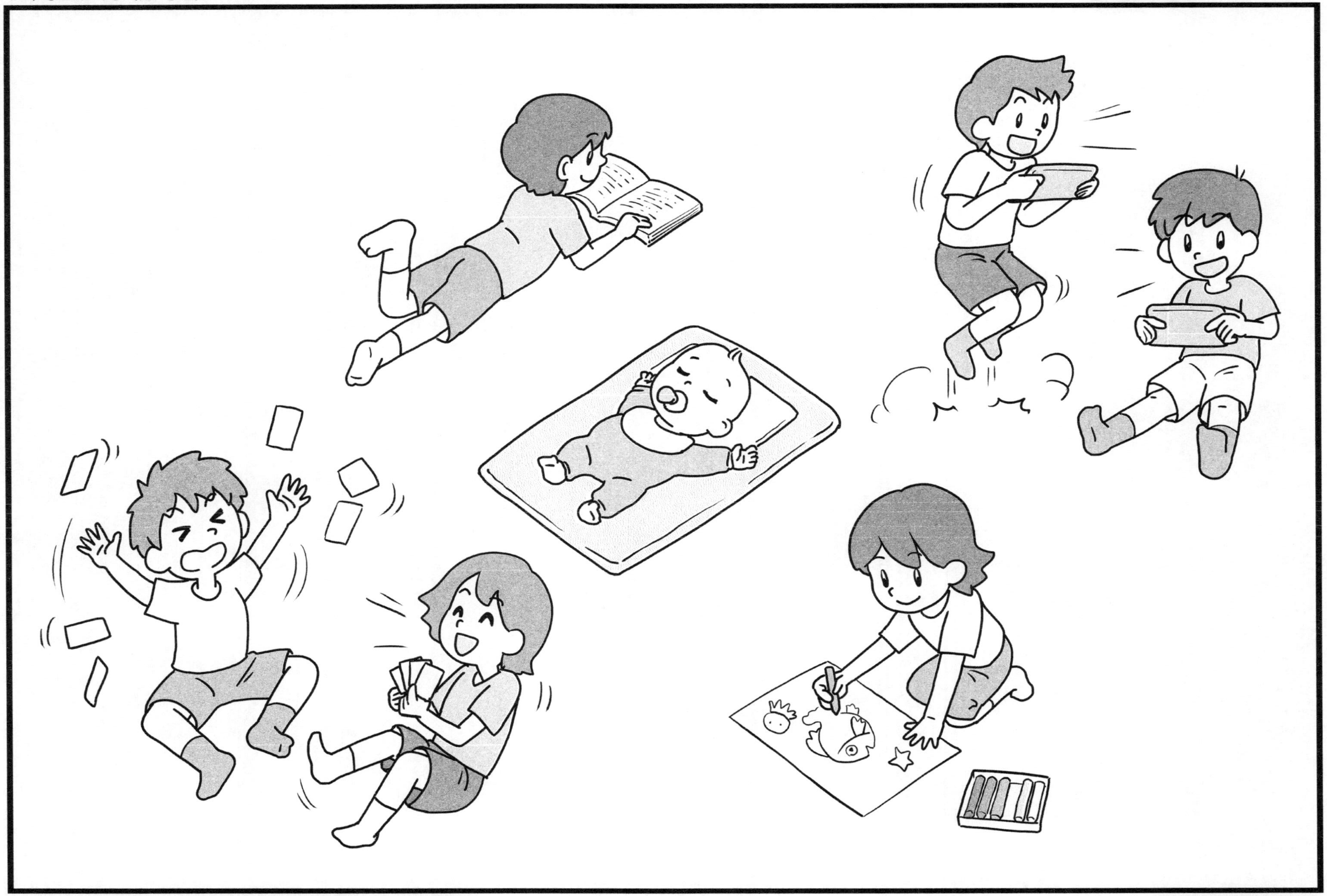

☆関西大学初等部

問題４８

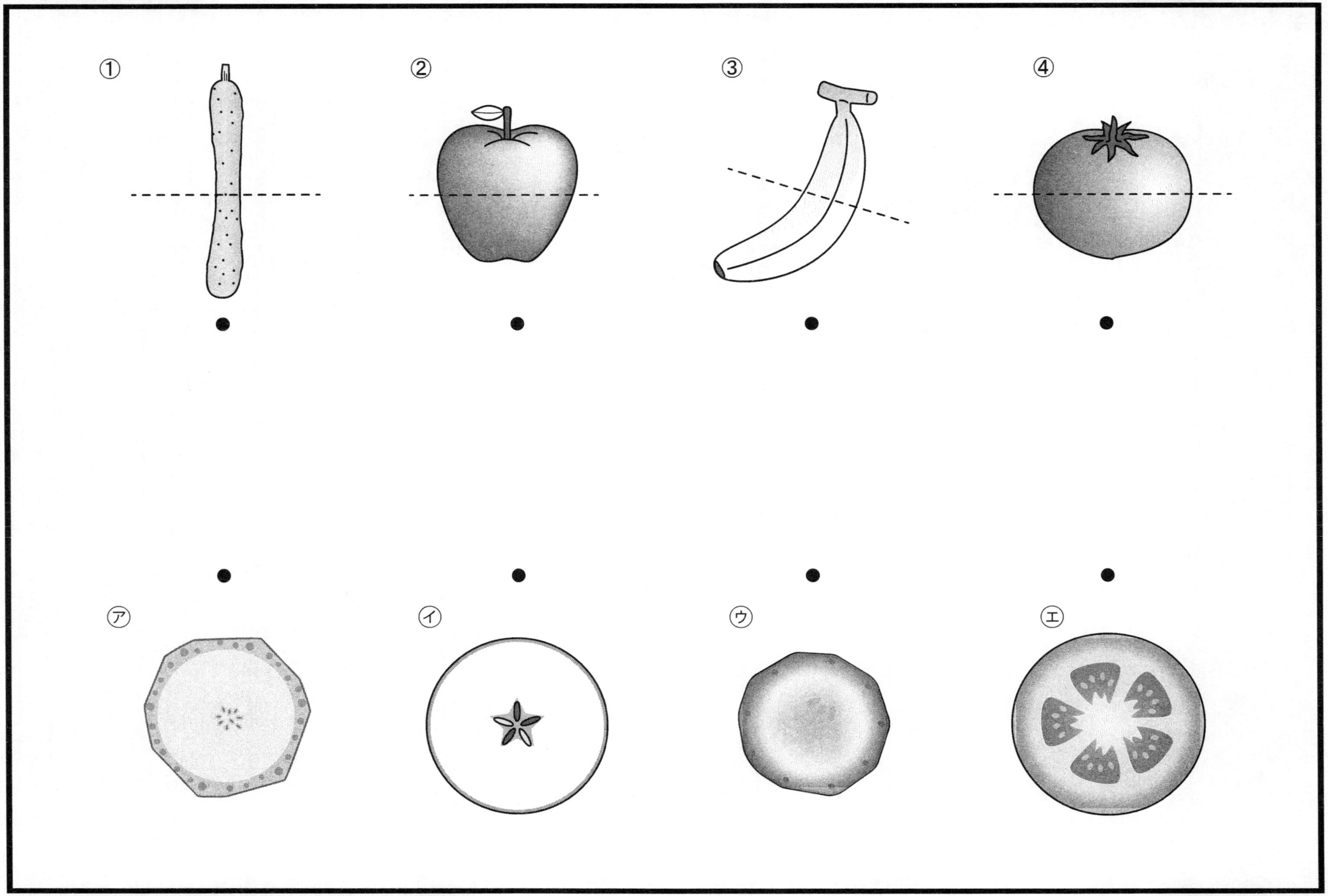

問題４９－１

・青　・水色　・黄色　・黄緑
・赤　・ピンク　・オレンジ
の７色を使います。

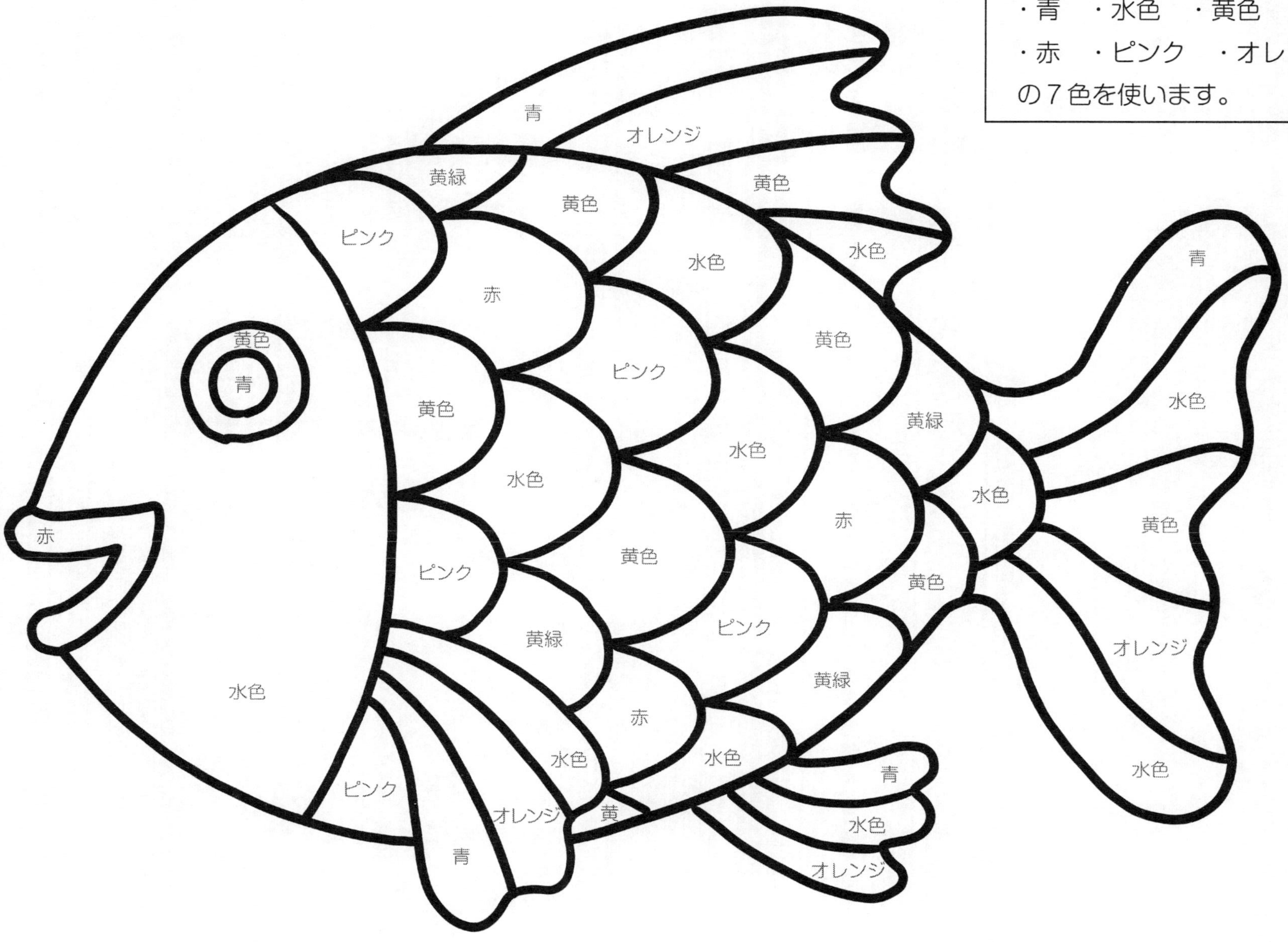

無断複製／転載を禁ずる

日本学習図書株式会社

問題４９－２

 無断複製／転載を禁ずる

日本学習図書株式会社

図書カード1000円分プレゼント

ご記入日 令和　　年　　月　　日

☆国・私立小学校受験アンケート☆

※可能な範囲でご記入下さい。選択肢は〇で囲んで下さい。

〈小学校名〉＿＿＿＿＿＿＿＿＿＿　〈お子さまの性別〉男・女　〈誕生月〉＿＿月

〈その他の受験校〉（複数回答可）＿＿＿＿＿＿＿＿＿＿＿＿＿＿＿＿

〈受験日〉①：＿＿月＿＿日〈時間〉＿＿時＿＿分　～　＿＿時＿＿分

②：＿＿月＿＿日〈時間〉＿＿時＿＿分　～　＿＿時＿＿分

〈受験者数〉男女計＿＿名（男子＿＿名　女子＿＿名）

〈お子さまの服装〉＿＿＿＿＿＿＿＿＿＿＿＿＿＿＿＿

〈入試全体の流れ〉（記入例）準備体操→行動観察→ペーパーテスト

＿＿＿＿＿＿＿＿＿＿＿＿＿＿＿＿＿＿＿＿＿＿＿＿

Eメールによる情報提供
日本学習図書では、Eメールでも入試情報を募集しております。 下記のアドレスに、アンケートの内容をご入力の上、メールをお送り下さい。
ojuken@ nichigaku.jp

●行動観察

（例）好きなおもちゃで遊ぶ・グループで協力するゲームなど

〈実施日〉＿＿月＿＿日〈時間〉＿＿時＿＿分　～　＿＿時＿＿分〈着替え〉□有　□無

〈出題方法〉□肉声　□録音　□その他（　　　　　　）〈お手本〉□有　□無

〈試験形態〉□個別　□集団（　　　人程度）

〈会場図〉

〈内容〉

□自由遊び

＿＿＿＿＿＿＿＿＿＿＿＿＿＿＿＿＿＿＿＿

□グループ活動

＿＿＿＿＿＿＿＿＿＿＿＿＿＿＿＿＿＿＿＿

□その他

＿＿＿＿＿＿＿＿＿＿＿＿＿＿＿＿＿＿＿＿

●運動テスト（有・無）

（例）跳び箱・チームでの競争など

〈実施日〉＿＿月＿＿日〈時間〉＿＿時＿＿分　～　＿＿時＿＿分〈着替え〉□有　□無

〈出題方法〉□肉声　□録音　□その他（　　　　　　）〈お手本〉□有　□無

〈試験形態〉□個別　□集団（　　　人程度）

〈会場図〉

〈内容〉

□サーキット運動

□走り　□跳び箱　□平均台　□ゴム跳び

□マット運動　□ボール運動　□なわ跳び

□クマ歩き

□グループ活動＿＿＿＿＿＿＿＿＿＿＿＿＿＿＿＿

□その他＿＿＿＿＿＿＿＿＿＿＿＿＿＿＿＿＿＿

日本学習図書株式会社

●知能テスト・口頭試問

〈実施日〉＿＿月＿＿日〈時間〉＿＿時＿＿分＿～＿＿時＿＿分〈お手本〉□有 □無

〈出題方法〉 □肉声 □録音 □その他（　　　　）〈問題数〉＿＿枚＿＿問

分野	方法	内　　容	詳　細・イ　ラ　ス　ト
（例） お話の記憶	☑筆記 □口頭	動物たちが待ち合わせをする話	（あらすじ） 動物たちが待ち合わせをした。最初にウサギさんが来た。次にイヌくんが、その次にネコさんが来た。最後にタヌキくんが来た。 （問題・イラスト） ３番目に来た動物は誰か 
お話の記憶	□筆記 □口頭		（あらすじ） （問題・イラスト）
図形	□筆記 □口頭		
言語	□筆記 □口頭		
常識	□筆記 □口頭		
数量	□筆記 □口頭		
推理	□筆記 □口頭		
その他	□筆記 □口頭		

●制作　（例）ぬり絵・お絵かき・工作遊びなど

〈実施日〉＿＿月＿＿日〈時間〉＿＿時＿＿分～＿＿時＿＿分

〈出題方法〉□肉声 □録音 □その他（　　　　　）〈お手本〉□有 □無

〈試験形態〉□個別 □集団（　　　人程度）

材料・道具	制作内容
□ハサミ	□切る □貼る □塗る □ちぎる □結ぶ □描く □その他（　　　　　）
□のり（□つぼ □液体 □スティック）	タイトル：＿＿＿＿＿＿＿＿
□セロハンテープ	
□鉛筆 □クレヨン（　色）	
□クーピーペン（　色）	
□サインペン（　色）□	
□画用紙（□ A4 □ B4 □ A3	
□その他：　　　　）	
□折り紙 □新聞紙 □粘土	
□その他（　　　　　）	

●面接

〈実施日〉＿＿月＿＿日〈時間〉＿＿時＿＿分～＿＿時＿＿分〈面接担当者〉＿＿名

〈試験形態〉□志願者のみ（　）名 □保護者のみ □親子同時 □親子別々

〈質問内容〉

※試験会場の様子をご記入下さい。

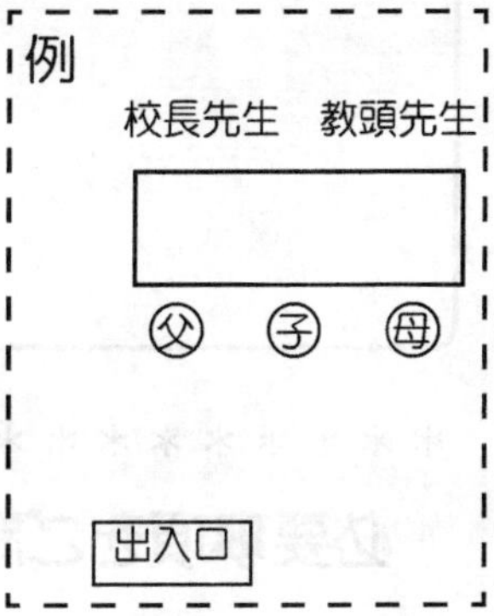

□志望動機　□お子さまの様子

□家庭の教育方針

□志望校についての知識・理解

□その他（　　　　　）

（詳　細）

・

・

・

・

●保護者作文・アンケートの提出（有・無）

〈提出日〉□面接直前　□出願時　□志願者考査中　□その他（　　　　　）

〈下書き〉□有　□無

〈アンケート内容〉

（記入例）当校を志望した理由はなんですか（150 字）

●説明会（□有　□無）〈開催日〉　　月　　日〈時間〉　　時　　分　～　　時　　分

〈上履き〉　□要　□不要　〈願書配布〉　□有　□無　〈校舎見学〉　□有　□無

〈ご感想〉

●参加された学校行事（複数回答可）

公開授業〈開催日〉　　月　　日〈時間〉　　時　　分　～　　時　　分

運動会など〈開催日〉　　月　　日〈時間〉　　時　　分　～　　時　　分

学習発表会・音楽会など〈開催日〉　　月　　日〈時間〉　　時　　分　～　　時　　分

〈ご感想〉

※是非参加したほうがよいと感じた行事について

●受験を終えてのご感想、今後受験される方へのアドバイス

※対策学習（重点的に学習しておいた方がよい分野）、当日準備しておいたほうがよい物など

＊＊＊＊＊＊＊＊＊＊＊＊＊　ご記入ありがとうございました　＊＊＊＊＊＊＊＊＊＊＊＊＊

必要事項をご記入の上、ポストにご投函ください。

なお、本アンケートの送付期限は入試終了後３ヶ月とさせていただきます。また、入試に関する情報の記入量が当社の基準に満たない場合、謝礼の送付ができないことがございます。あらかじめご了承ください。

ご住所：〒

お名前：　　　　　　　メール：

ＴＥＬ：　　　　　　　ＦＡＸ：

ご記入頂いた個人に関する情報は、当社にて厳重に管理致します。弊社の個人情報取り扱いに関する詳細は、www.nichigaku.jp/policy.php の「個人情報の取り扱い」をご覧下さい。

分野別 小学入試練習帳 ジュニアウォッチャー

1. 点・線図形	小学校入試で出題頻度の高い『点・線図形』の模写を、難易度の低いものから段階別に幅広く練習することができるように構成。
2. 座標	図形の位置模写という作業を、難易度の低いものから段階別に練習できるように構成。
3. パズル	様々なパズルの問題を難易度の低いものから段階別に練習できるように構成。
4. 同図形探し	小学校入試で出題頻度の高い、同図形選びの問題を繰り返し練習できるように構成。
5. 回転・展開	図形などを回転、または展開したとき、形がどのように変化するかを学習し、理解を深められるように構成。
6. 系列	数、図形などの様々な系列問題を、難易度の低いものから段階別に練習できるように構成。
7. 迷路	迷路の問題を繰り返し練習できるように構成。
8. 対称	対称に関する問題を４つのテーマに分類し、各テーマごとに問題を段階別に練習できるように構成。
9. 合成	図形の合成に関する問題を、難易度の低いものから段階別に練習できるように構成。
10. 四方からの観察	もの（立体）を様々な角度から見て、どのように見えるかを推理する問題を段階別に整理し、１つの形式で複数の問題を練習できるように構成。
11. いろいろな仲間	ものや動物、植物の共通点を見つけ、分類していく問題を中心に構成。
12. 日常生活	日常生活における様々な問題を６つのテーマに分類し、各テーマごとに一つの問題形式で複数の問題を練習できるように構成。
13. 時間の流れ	『時間』に着目し、様々なものごとは、時間が経過するとどのように変化するのかということを学習し、理解できるように構成。
14. 数える	様々なものを『数える』ことから、数の多少の判定やかけ算、わり算の基礎までを練習できるように構成。
15. 比較	比較に関する問題を５つのテーマ（数、高さ、長さ、量、重さ）に分類し、各テーマごとに問題を段階別に練習できるように構成。
16. 積み木	数える対象を積み木に限定した問題集。
17. 言葉の音遊び	言葉の音に関する問題を５つのテーマに分類し、各テーマごとに問題を段階別に練習できるように構成。
18. いろいろな言葉	表現力をより豊かにするいろいろな言葉として、擬態語や擬声語、同音異義語、反意語、数詞を取り上げた問題集。
19. お話の記憶	お話を聴いてその内容を記憶、理解し、設問に答える形式の問題集。
20. 見る記憶・聴く記憶	「見て憶える」「聴いて憶える」という『記憶』分野に特化した問題集。
21. お話作り	いくつかの絵を元にしてお話を作る練習をして、想像力を養うことができるように構成。
22. 想像画	描かれてある形や景色に好きな絵を描くことにより、想像力を養うことができるように構成。
23. 切る・貼る・塗る	小学校入試で出題頻度の高い、はさみやのりなどを用いた巧緻性の問題を繰り返し練習できるように構成。
24• 絵画	小学校入試で出題頻度の高い、お絵かきやぬり絵などクレヨンやクーピーペンを用いた巧緻性の問題を繰り返し練習できるように構成。
25. 生活巧緻性	小学校入試で出題頻度の高い日常生活の様々な場面における巧緻性の問題集。
26. 文字・数字	ひらがなの清音、濁音、拗音、拗長音、促音と１～20までの数字に焦点を絞り、練習できるように構成。
27. 理科	小学校入試で出題頻度が高くなりつつある理科の問題を集めた問題集。
28. 運動	出題頻度の高い運動問題を種目別に分けて構成。
29. 行動観察	項目ごとに問題提起をし、「このような時はどうか、あるいはどう対処するのか」の観点から問いかける形式の問題集。
30. 生活習慣	学校から家庭に提起された問題と思って、一問一問絵を見ながら話し合い、考える形式の問題集。

31. 推理思考	数、量、言語、常識（含理科、一般）など、諸々のジャンルから問題を構成し、近年の小学校入試問題傾向に沿って構成。
32. ブラックボックス	箱や筒の中を通ると、どのようなお約束でどのように変化するかを推理・思考する問題集。
33. シーソー	重さの違うものをシーソーに乗せた時どちらに傾くのか、またどうすればシーソーは釣り合うのかを思考する基礎的な問題集。
34. 季節	様々な行事や植物などを季節別に分類できるように知識をつける問題集。
35. 重ね図形	小学校入試で頻繁に出題されている「図形を重ね合わせてできる形」についての問題を集めました。
36. 同数発見	様々な物を数え「同じ数」を発見し、数の多少の判断や数の認識の基礎を学べるように構成した問題集。
37. 選んで数える	数の学習の基本となる、いろいろなものの数を正しく数える学習を行う問題集。
38. たし算・ひき算１	数字を使わず、たし算とひき算の基礎を身につけるための問題集。
39. たし算・ひき算２	数字を使わず、たし算とひき算の基礎を身につけるための問題集。
40. 数を分ける	数を等しく分ける問題です。等しく分けたときに余りが出るものもあります。
41. 数の構成	ある数がどのような数で構成されているか学んでいきます。
42. 一対多の対応	一対一の対応から、一対多の対応まで、かけ算の考え方の基礎学習を行います。
43. 数のやりとり	あげたり、もらったり、数の変化をしっかりと学びます。
44. 見えない数	指定された条件から数を導き出します。
45. 図形分割	図形の分割に関する問題集。パズルや合成の分野にも通じる様々な問題を集めました。
46. 回転図形	「回転図形」に関する問題集。やさしい問題から始め、いくつかの代表的なパターンから、段階を踏んで学習できるよう編集されています。
47. 座標の移動	「マス目の指示通りに移動する問題」と「指示された数だけ移動する問題」を収録。
48. 鏡図形	鏡で左右反転させた時の見え方を考えます。平面図形から立体図形、文字、絵まで。
49. しりとり	すべての学習の基礎となる「言葉」を学ぶこと、特に「語彙」を増やすことに重点をおき、さまざまなタイプの「しりとり」問題を集めました。
50. 観覧車	観覧車やメリーゴーラウンドなどを舞台にした「回転系列」の問題集。「推理思考」分野の問題ですが、要素として「図形」や「数量」も含みます。
51. 運筆①	鉛筆の持ち方を学び、点線なぞり、お手本を見ながらの模写で、線を引く練習をします。
52. 運筆②	運筆①からさらに発展し、「欠所補完」や「迷路」などを楽しみながら、より複雑な鉛筆運びを習得することを目指します。
53. 四方からの観察 積み木編	積み木を使用した「四方からの観察」に関する問題を練習できるように構成。
54. 図形の構成	見本の図形がどのような部分によって形づくられているかを考えます。
55. 理科②	理科的知識に関する問題を集中して練習する「常識」分野の問題集。
56. マナーとルール	道路や駅、公共の場でのマナー、安全や衛生に関する常識を学べるように構成。
57. 置き換え	さまざまな具体的・抽象的事象を記号で表す「置き換え」の問題を扱います。
58. 比較②	長さ・高さ・体積・数などを数学的な知識を使わず、論理的に推測する「比較」の問題を練習できるように構成。
59. 欠所補完	線と線のつながり、欠けた絵に当てはまるものなどを求める「欠所補完」に取り組める問題集です。
60. 言葉の音（おん）	しりとり、決まった順番の音をつなげるなど、「言葉の音」に関する問題に取り組める練習問題集です。

◆◆ニチガクのおすすめ問題集◆◆

より充実した家庭学習を目指し、ニチガクではさまざまな問題集をとりそろえております!!

サクセスウォッチャーズ(全18巻)

①～⑱
本体各¥2,200＋税

全9分野を「基礎必修編」「実力アップ編」の2巻でカバーした、合計18冊。

各巻80問と豊富な問題数に加え、他の問題集では掲載していない詳しいアドバイスが、お子さまを指導する際に役立ちます。

各ページが、すぐに使えるミシン目付き。本番を意識したドリルワークが可能です。

ジュニアウォッチャー(既刊60巻)

①～⑥⓪ (以下続刊)
本体各¥1,500＋税

入試出題頻度の高い9分野を、さらに60の項目にまで細分化。基礎学習に最適のシリーズ。

苦手分野におけるつまずきを、効率よく克服するための60冊です。

ポイントが絞られているため、無駄なく高い効果を得られます。

国立・私立NEWウォッチャーズ

言語／理科／図形／記憶
常識／数量／推理
本体各¥2,000＋税

シリーズ累計発行部数40万部以上を誇る大ベストセラー「ウォッチャーズシリーズ」の趣旨を引き継ぐ新シリーズ!!

実際に出題された過去問の「類題」を32問掲載。全問に「解答のポイント」付きだから家庭学習に最適です。「ミシン目」付き切り離し可能なプリント学習タイプ!

実践 ゆびさきトレーニング①・②・③

本体各¥2,500＋税

制作問題に特化した一冊。有名校が実際に出題した類似問題を35問掲載。

様々な道具の扱い(はさみ・のり・セロハンテープの使い方)から、手先・指先の訓練(ちぎる・貼る・塗る・切る・結ぶ)、また、表現することの楽しさも経験できる問題集です。

お話の記憶・読み聞かせ

[お話の記憶問題集]
中級／上級編
本体各¥2,000＋税
初級／過去類似編／ベスト30
本体各¥2,600＋税

1話5分の読み聞かせお話集①・②、入試実践編①
本体各¥1,800＋税

あらゆる学習に不可欠な、語彙力・集中力・記憶力・理解力・想像力を養うと言われているのが「お話の記憶」分野の問題。問題集は全問アドバイス付き。

分野別 苦手克服シリーズ(全6巻)

図形／数量／言語／
常識／記憶／推理
本体各¥2,000＋税

数量・図形・言語・常識・記憶の6分野。アンケートに基づいて、多くのお子さまがつまづきやすい苦手問題を、それぞれ40問掲載しました。

全問アドバイス付きですので、ご家庭において、そのつまづきを解消するためのプロセスも理解できます。

運動テスト・ノンペーパーテスト問題集

新 運動テスト問題集
本体¥2,200＋税

新ノンペーパーテスト問題集
本体¥2,600＋税

ノンペーパーテストは国立・私立小学校で幅広く出題される、筆記用具を使用しない分野の問題を全40問掲載。

運動テスト問題集は運動分野に特化した問題集です。指示の理解や、ルールを守る訓練など、ポイントを押さえた学習に最適。全35問掲載。

口頭試問・面接テスト問題集

新 口頭試問・個別テスト問題集
本体¥2,500＋税

面接テスト問題集
本体¥2,000＋税

口頭試問は、主に個別テストとして口頭で出題解答を行うテスト形式。面接は、主に「考え」やふだんの「あり方」をたずねられるものです。

口頭で答える点は同じですが、内容は大きく異なります。想定する質問内容や答え方の幅を広げるために、どちらも手にとっていただきたい問題集です。

小学校受験 厳選難問集 ①・②

本体各¥2,600＋税

実際に出題された入試問題の中から、難易度の高い問題をピックアップし、アレンジした問題集。応用問題への挑戦は、基礎の理解度を測るだけでなく、お子さまの達成感・知的好奇心を触発します。

①は数量・図形・推理・言語、②は位置・常識・比較・記憶分野の難問を掲載。それぞれ40問。

国立小学校　対策問題集

国立小学校入試問題A・B・C(全3巻) 本体各¥3,282＋税

新 国立小学校直前集中講座
本体¥3,000＋税

国立小学校頻出の問題を厳選。細かな指導方法やアドバイスが掲載してあり、効率的な学習が進められます。「総集編」は難易度別にA～Cの3冊。付録のレーダーチャートにより得意・不得意を認識でき、国立小学校受験対策に最適です。入試直前の対策には「新 直前集中講座」!

おうちでチャレンジ ①・②

本体各¥1,800＋税

関西最大級の模擬試験である小学校受験標準テストのペーパー問題を編集した実力養成に最適な問題集。延べ受験者数10,000人以上のデータを分析しお子さまの習熟度・到達度を一目で判別。

保護者必読の特別アドバイス収録!

Q&Aシリーズ

『小学校受験で知っておくべき125のこと』
『小学校受験に関する保護者の悩みQ&A』
『新 小学校受験の入試面接Q&A』
『新 小学校受験 願書・アンケート文例集500』
本体各¥2,600＋税
『小学校受験のための
願書の書き方から面接まで』
本体¥2,500＋税

「知りたい!」「聞きたい!」「こんな時どうすれば…?」そんな疑問や悩みにお答えする、オススメの人気シリーズです。

書籍についてのご注文・お問い合わせ
☎ 03-5261-8951

http://www.nichigaku.jp
※ご注文方法、書籍についての詳細は、Webサイトをご覧ください。

日本学習図書　検索

『読み聞かせ』×『質問』＝『聞く力』

お話の記憶の練習に最適

1話5分の 読み聞かせお話集①②

「アラビアン・ナイト」「アンデルセン童話」「イソップ寓話」「グリム童話」、日本や各国の民話、昔話、偉人伝の中から、教育的な物語や、過去に小学校入試でも出題された有名なお話を中心に掲載。お話ごとに、内容に関連したお子さまへの質問も掲載しています。「読み聞かせ」を通して、お子さまの『聞く力』を伸ばすことを目指します。

①巻・②巻　各48話

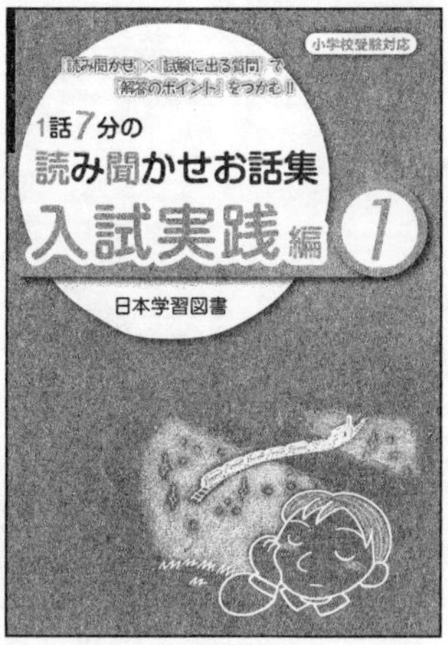

1話7分の読み聞かせお話集 入試実践編①

国立·私立 小学校受験 対応

最長1,700文字の長文のお話を掲載。有名でない＝「聞いたことのない」お話を聞くことで、『集中力』のアップを目指します。設問も、実際の試験を意識した設問としています。ペーパーテスト実施校の多くが「お話の記憶」の問題を出題します。毎日の「読み聞かせ」と「試験に出る質問」で、「解答のポイント」をつかんで臨みましょう！

50話収録

ニチガクの この5冊で受験準備も万全！

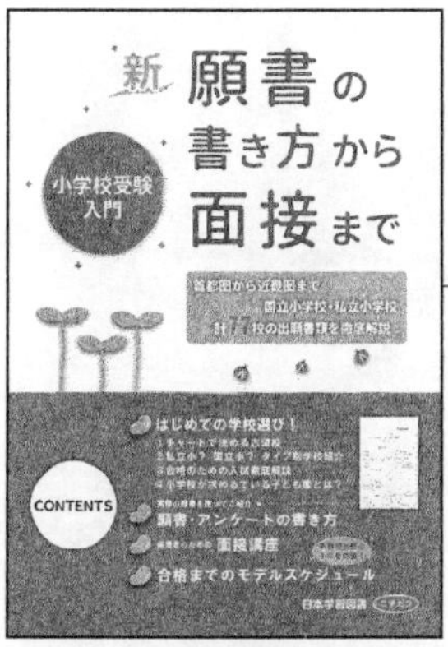

小学校受験入門 願書の書き方から面接まで リニューアル版

主要私立・国立小学校の願書・面接内容を中心に、学校選びや入試の分野傾向、服装コーディネート、持ち物リストなども網羅し、受験準備全体をサポートします。

小学校受験で 知っておくべき 125のこと

小学校受験の基本から怪しい「ウワサ」まで、保護者の方々からの 125 の質問にていねいに解答。目からウロコのお受験本。

新　小学校受験の 入試面接Q＆A リニューアル版

過去十数年に遡り、面接での質問内容を網羅。小学校別、父親・母親・志願者別、さらに学校のこと・志望動機・お子さまについてなど分野ごとに模範解答例やアドバイスを掲載。

新　願書・アンケート 文例集 500 リニューアル版

有名私立小、難関国立小の願書やアンケートに記入するための適切な文例を、質問の項目別に収録。合格を掴むためのヒントが満載！願書を書く前に、ぜひ一度お読みください。

小学校受験に関する 保護者の悩みQ＆A

保護者の方約 1,000 人に、学習・生活・躾に関する悩みや問題を取材。その中から厳選した 200 例以上の悩みに、「ふだんの生活」と「入試直前」のアドバイス２本立てで悩みを解決。

日本学習図書株式会社

追手門学院小学校　専用注文書

年　　月　　日

合格のための問題集ベスト・セレクション

＊入試頻出分野ベスト３

1st　図　形

思考力　観察力

2nd　記　憶

聞く力　集中力

3rd　巧 緻 性

集中力　聞く力

口頭試問での出題が多く、ペーパーテスト以外の学習も重要になってきます。巧緻性、行動観察、運動などは、例年同様の問題が出されているため、しっかりと対策をしておきましょう。

分野	書　名	価格(税込)	注文	分野	書　名	価格(税込)	注文
図形	Ｊｒ・ウォッチャー３「パズル」	1,650円	冊	図形	Ｊｒ・ウォッチャー35「重ね図形」	1,650円	冊
図形	Ｊｒ・ウォッチャー４「同図形探し」	1,650円	冊	数量	Ｊｒ・ウォッチャー37「選んで数える」	1,650円	冊
図形	Ｊｒ・ウォッチャー５「回転・転回」	1,650円	冊	数量	Ｊｒ・ウォッチャー38「たし算・ひき算１」	1,650円	冊
常識	Ｊｒ・ウォッチャー11「いろいろな仲間」	1,650円	冊	数量	Ｊｒ・ウォッチャー39「たし算・ひき算２」	1,650円	冊
数量	Ｊｒ・ウォッチャー16「積み木」	1,650円	冊	言語	Ｊｒ・ウォッチャー46「回転図形」	1,650円	冊
言語	Ｊｒ・ウォッチャー17「言葉の音遊び」	1,650円	冊	図形	Ｊｒ・ウォッチャー47「座標の移動」	1,650円	冊
言語	Ｊｒ・ウォッチャー18「いろいろな言葉」	1,650円	冊	推理	Ｊｒ・ウォッチャー50「観覧車」	1,650円	冊
記憶	Ｊｒ・ウォッチャー19「お話の記憶」	1,650円	冊	図形	Ｊｒ・ウォッチャー53「四方の観察（積み木編）」	1,650円	冊
記憶	Ｊｒ・ウォッチャー20「見る記憶・聴く記憶」	1,650円	冊		お話の記憶 初級編	2,860円	冊
観察	Ｊｒ・ウォッチャー28「運動」	1,650円	冊		お話の記憶 中級編	2,200円	冊
観察	Ｊｒ・ウォッチャー29「行動観察」	1,650円	冊		新ノンペーパーテスト問題集	2,860円	冊
観察	Ｊｒ・ウォッチャー30「生活習慣」	1,650円	冊		新口頭試問・個別テスト問題集	2,750円	冊
推理	Ｊｒ・ウォッチャー31「推理思考」	1,650円	冊		１話５分の読み聞かせお話集①・②	1,980円	各　冊
推理	Ｊｒ・ウォッチャー32「ブラックボックス」	1,650円	冊		実践 ゆびさきトレーニング①・②・③	2,750円	各　冊

合計	冊	円

（フリガナ） 氏　名	電　話	
	ＦＡＸ	
	E-mail	
住 所　〒　　　－	以前にご注文されたことはございますか。	
	有　・　無	

★お近くの書店、または記載の電話・FAX・ホームページにてご注文をお受けしております。
電話：03-5261-8951　FAX：03-5261-8953　代金は書籍合計金額＋送料がかかります。
※なお、落丁・乱丁以外の理由による商品の返品・交換には応じかねます。

★ご記入頂いた個人に関する情報は、当社にて厳重に管理致します。なお、ご購入の商品発送の他に、当社発行の書籍案内、書籍に関する調査に使用させて頂く場合がございますので、予めご了承ください。

日本学習図書株式会社
https://www.nichigaku.jp

関西大学初等部　専用注文書

年　月　日

合格のための問題集ベスト・セレクション

＊入試頻出分野ベスト３

1st 常識　知識　公衆

2nd 推理　思考力　観察力

3rd 言語　語彙　知識

出題分野が幅広いですが、日常生活に関連した知識を問うものが多いです。親子面接では、面接時間の３分の２を志願者への質問に充てられます。自分の考えを、自分の言葉で話せるようにしておきましょう。

分野	書　名	価格（税込）	注文	分野	書　名	価格（税込）	注文
図形	Ｊｒ・ウォッチャー３「パズル」	1,650円	冊	推理	Ｊｒ・ウォッチャー31「推理思考」	1,650円	冊
図形	Ｊｒ・ウォッチャー４「同図形探し」	1,650円	冊	数量	Ｊｒ・ウォッチャー37「選んで数える」	1,650円	冊
図形	Ｊｒ・ウォッチャー５「回転・転回」	1,650円	冊	図形	Ｊｒ・ウォッチャー45「図形分割」	1,650円	冊
常識	Ｊｒ・ウォッチャー12「日常生活」	1,650円	冊	図形	Ｊｒ・ウォッチャー46「回転図形」	1,650円	冊
数量	Ｊｒ・ウォッチャー14「数える」	1,650円	冊	図形	Ｊｒ・ウォッチャー47「座標の移動」	1,650円	冊
数量	Ｊｒ・ウォッチャー16「積み木」	1,650円	冊	言語	Ｊｒ・ウォッチャー49「しりとり」	1,650円	冊
言語	Ｊｒ・ウォッチャー17「言葉の音遊び」	1,650円	冊	言語	Ｊｒ・ウォッチャー60「言葉の音（おん）」	1,650円	冊
言語	Ｊｒ・ウォッチャー18「いろいろな言葉」	1,650円	冊	言語	NEWウォッチャーズ　私立言語①・②	1,650円	各　冊
記憶	Ｊｒ・ウォッチャー19「お話の記憶」	1,650円	冊	数量	NEWウォッチャーズ　私立数量①・②	1,650円	各　冊
記憶	Ｊｒ・ウォッチャー20「見る記憶・聴く記憶」	1,650円	冊	推理	NEWウォッチャーズ　私立推理①・②	1,650円	各　冊
知識	Ｊｒ・ウォッチャー27「理科」	1,650円	冊		新 小学校受験の入試面接Ｑ＆Ａ	2,860円	冊
観察	Ｊｒ・ウォッチャー28「運動」	1,650円	冊		１話５分の読み聞かせお話集①・②	1,980円	各　冊
観察	Ｊｒ・ウォッチャー29「行動観察」	1,650円	冊		家庭で行う面接テスト問題集	2,200円	冊
観察	Ｊｒ・ウォッチャー30「生活習慣」	1,650円	冊		保護者のための面接最強マニュアル	2,200円	冊

合計	冊	円

（フリガナ） 氏　名	電　話 ＦＡＸ E-mail
住 所　〒　　　－	以前にご注文されたことはございますか。 有　・　無

★お近くの書店、または記載の電話・FAX・ホームページにてご注文をお受けしております。
電話：03-5261-8951　FAX：03-5261-8953　代金は書籍合計金額＋送料がかかります。
※なお、落丁・乱丁以外の理由による商品の返品・交換には応じかねます。

★ご記入頂いた個人に関する情報は、当社にて厳重に管理致します。なお、ご購入の商品発送の他に、当社発行の書籍案内、書籍に関する調査に使用させて頂く場合がございますので、予めご了承ください。

家庭学習を
トータルサポート！ ニチガクのオリジナル 効果的 学習法

1 まずは
アドバイスページを読む！

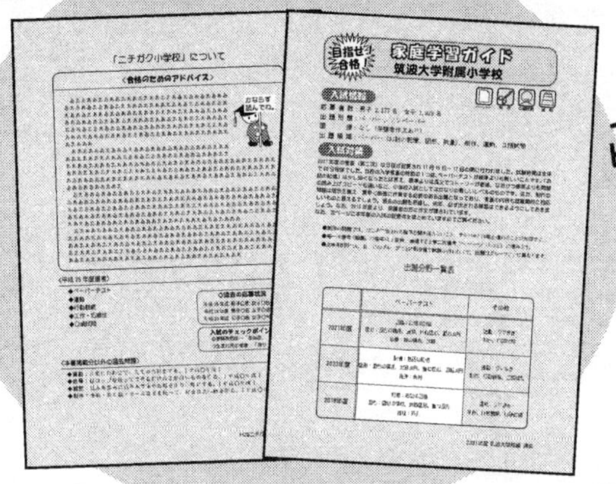

ピンク色です

対策や試験ポイントがぎっしりつまった「家庭学習ガイド」。分野アイコンで、試験の傾向をおさえよう！

2 問題をすべて読み、
出題傾向を把握する

3 「アドバイス」で学校側の観点や問題の解説を熟読

4 はじめて過去問題に
チャレンジ！

5 プラスα
対策問題集や類題で力を付ける

過去問のこだわり

最新問題は問題ページ、イラストページ、解答・解説ページが独立しており、お子さまにすぐに取り掛かっていただける作りになっています。
ニチガクの学校別問題集ならではの、学習法を含めたアドバイスを利用して効率のよい家庭学習を進めてください。

各問題のジャンル

問題4 分野：系列

〈準 備〉 クーピーペン（赤）

〈問 題〉 左側に並んでいる3つの形を見てください。真ん中の抜けているところには右側のどの四角が入ると繋がるでしょうか。右側から探して○を付けてください。

〈時 間〉 30秒

〈解 答〉 ①真ん中 ②右 ③左

アドバイス

複雑な系列の問題です。それぞれの問題がどのような約束で構成されているのか確認をしましょう。この約束が理解できていないと問題を解くことができません。また、約束を見つけるとき、一つの視点、考えに固執するのではなく、色々と着眼点を変えてとらえるようにすることで発見しやすくなります。この問題では、①と②は中の模様が右の方へまっすぐ1つずつ移動しています。③は4つの矢印が右の方へ回転して1つずつ移動しています。それぞれ移動のし方が違うことに気が付きましたでしょうか。系列にも様々な出題がありますので、このような系列の問題も学習しておくことをおすすめ致します。系列の問題は、約束を早く見つけることがポイントです。

【おすすめ問題集】
　Ｊｒ・ウォッチャー６「系列」

アドバイス

各問題の解説や学校の観点、指導のポイントなどを教えます。
今日から保護者の方が家庭学習の先生に！

おすすめ対策問題集

分野ごとに対策問題集をご紹介。苦手分野の克服に最適です！
＊専用注文書付き。

2025年度版 追手門学院小学校
関西大学初等部 過去問題集

発行日 2024年5月15日
発行所 〒162-0821 東京都新宿区津久戸町 3-11-9F
日本学習図書株式会社
電 話 03-5261-8951 ㈹

・本書の一部または全部を無断で複写転載することは禁じられています。
乱丁、落丁の場合は発行所でお取り替え致します。

ISBN978-4-7761-5586-7

C6037 ¥2400E

9784776155867

定価2,640円
(本体2,400円＋税10%)

1926037024002

詳細は https://www.nichigaku.jp 日本学習図書 検索

“ たのしくてわかりやすい ”

授業を体験してみませんか

「わかる」
だけでなく
「できた!」を
増やす学び

個性を生かし
伸ばす
一人ひとりが
輝ける学び

くま教育
センターは
大きな花を
咲かせます

学力だけでなく
生きていく
力を磨く学び

自分と他者を認め
強く優しい心を
育む学び

子育ての
楽しさを伝え
親子ともに
育つ学び

がまん
げんき
やくそく

「がまん」をすれば、強い心が育ちます。
「げんき」な笑顔は、自分もまわりの人も幸せにします。
「やくそく」を守る人は、信頼され、大きな自信が宿ります。
くま教育センターで、自ら考え行動できる力を身につけ、
将来への限りない夢を見つけましょう。

久保田式赤ちゃんクラス(0歳からの脳力トレーニング)	5歳・6歳 算数国語クラス
リトルベアクラス(1歳半からの設定保育)	4歳・5歳・6歳 受験クラス
2歳・3歳・4歳クラス	小学部(1年生～6年生)

くま教育センター

FAX 06-4704-0365　TEL 06-4704-0355

〒541-0053 大阪市中央区本町3-3-15

大阪メトロ御堂筋線「本町」駅より⑦番出口徒歩4分
C階段③番出口より徒歩4分
大阪メトロ堺筋線「堺筋本町」駅⑮番出口徒歩4分

本町教室　堺教室　西宮教室　奈良教室　京都幼児教室